Meu jeito de dizer que te amo

Caro leitor,

Queremos saber sua opinião sobre nossos livros. Após sua leitura, acesse nosso site (www.editoragente.com.br), cadastre-se e contribua com sugestões, críticas e elogios.

Boa leitura!

Anderson Cavalcante

Meu jeito de dizer que te amo

Gerente Editorial
Eduardo Viegas Meirelles Villela

Editor de Desenvolvimento de Texto
Juliana Nogueira Luiz

Editor de Produção Editorial
Rosângela de Araujo Pinheiro Barbosa

Controle de Produção
Elaine Cristina Ferreira de Lima

Capa
Miriam Lerner

Fotos
Getty Images, iStockphotos e Shutterstock

Foto do autor
Ígor Medeiros

Revisão
Adriana Parra

Projeto Gráfico e Editoração
ERJ Composição Editorial

Impressão
Arvato do Brasil Gráfica

Copyright © 2010 by Anderson Cavalcante.
Todos os direitos desta edição são reservados
à Editora Gente.
Rua Pedro Soares de Almeida, 114
São Paulo, SP — CEP 05029-030
Telefone: (11) 3670-2500
Site: http://www.editoragente.com.br
E-mail: gente@editoragente.com.br

Dados Internacionais de Catalogação na Publicação (CIP)
(Câmara Brasileira do Livro, SP, Brasil)

Cavalcante, Anderson
  Meu jeito de dizer que te amo / Anderson Cavalcante. —
São Paulo : Editora Gente, 2010.

  ISBN 978-85-7312-695-2

  1. Amor 2. Máximas 3. Literatura brasileira 1.Título.

10-03474   CDD-896.9

Índices para catálogo sistemático:
1. Amor : Máximas : Literatura brasileira
896.9

Dedicatória

A Tábata, minha esposa, mulher, amante e melhor amiga, que com muito charme, carinho e um pouco de paciência compartilha comigo as descobertas que só o amor é capaz de proporcionar.

Você entrou na minha vida e com seu jeito especial me tornou um ser humano melhor.

Obrigado por você existir e estar ao meu lado.

Agradecimento

A Deus, que com seu infinito amor me ensina a enxergar todos os dias, através de pequenos detalhes, a importância do ato de amar.

A todas as pessoas que não desperdiçam uma oportunidade de expressar o amor em cada toque, cada troca de olhar, cada gesto, cada cafuné, cada beijo e buscam viver essa realidade no seu dia a dia, tornando, assim, a vida ainda mais bela.

Contato do autor

contato@andersoncavalcante.com.br
www.andersoncavalcante.com.br

Este livro foi impresso pela
Arvato do Brasil Gráfica em papel *couché* 115 g.

Monte seu LIVRO

Meu jeito de dizer que te amo

Faça deste livro um lindo enfeite de mesa. É só amarrar as
pontas das duas fitas e colocá-lo de pé.
Depois escolha sua página preferida e alegre seu dia.

Anderson Cavalcante é palestrante, escritor e um marido apaixonado que busca namorar todos os dias a esposa maravilhosa que tem.

MEU PAI, MEU HERÓI

Meu pai, meu herói
Pai: exemplo de valor e retidão.
Ensinamento, espelho, esperança.
Semente boa plantada em nós lá na infância.
Que germina pela vida afora, estruturando o ser e o não ser.
Como falar sobre esse amor?
Se amor de filho para pai às vezes é calado, contido?
Dizer é amor apenas, talvez baste.
Amor genuíno, em sua máxima expressão.
Pai: anjo protetor, guardião das boas atitudes.
Ah, a vontade de ser o que ele é!
Mesmo que às avessas.
Que assim seja.

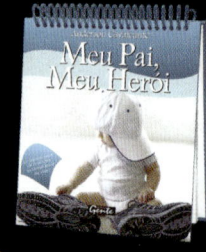

Mais de **21 mil** livros vendidos

MINHA MÃE, MEU MUNDO
(Anderson Cavalcante e Simone Paulino)

Ela tem a capacidade de ouvir o silêncio.
Adivinhar sentimentos.
Encontrar a palavra certa nos momentos incertos.
Nos fortalecer quando tudo ao nosso redor parece ruir.
Sabedoria emprestada dos deuses para nos proteger
e amparar.
Sua existência é em si um ato de amor.
Gerar, cuidar, nutrir.
Amar, amar, amar...
Amar com um amor incondicional que nada espera
em troca.
Afeto desmedido e incontido, Mãe é um ser infinito.

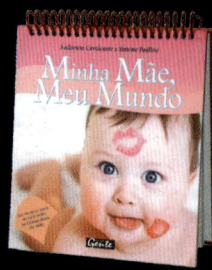

Mais de **120 mil** livros vendidos

OUTROS LIVROS DO AUTOR

O QUE REALMENTE IMPORTA?

Mais de 20 mil livros vendidos

O título desse livro nos causa impacto. Uma pergunta em tom aparentemente simples que nos desarma. É claro que cada indivíduo prioriza o que lhe é mais importante. A cada capítulo, o autor vai expondo suas experiências e habilidades e apresentando de maneira generalizada o caminho para a felicidade. Acompanhá-lo é uma bela viagem rica em aprendizado.

AS COISAS BOAS DA VIDA

Tomar banho de mangueira num dia ensolarado.
Dormir até mais tarde do lado de quem a gente ama, sem se preocupar com o horário.
Chegar em casa no fim do dia e tomar aquele banho bem demorado!
Você tem aproveitado as coisas boas da vida?
Este livro nos faz lembrar das coisas boas que deixamos de fazer e nem sabemos o porquê.
Pequenos prazeres que nos dão o ânimo necessário para enfrentar os desafios diários. Gestos que podem mudar todo o significado de uma vida.

Mais de 155 mil livros vendidos

Mais de 35 mil livros vendidos

VIVA AS COISAS ESSENCIAIS DA VIDA — ANTES QUE SEJA TARDE

Matar a saudade do colo da mãe, passar uma tarde gostosa com o pai, transformar cada dia em uma ocasião especial. Quem não deseja viver momentos como esses, que se eternizam na lembrança? Não deixe para depois. Em meio à correria do cotidiano, você pode reservar um tempinho para o que é essencial em sua vida.

Você também pode fazer parte desta história.

Esta página é sua!

Escolha uma foto com a pessoa amada
que represente um momento importante
para vocês e cole aqui.

sei que vou te amar... por toda a minha vida! Porque eu... eu sei que vo
por toda a minha vida! Porque **eu...** eu sei que vou te amar... por toda a mi
orque eu... eu sei que vou te amar... por toda a minha vida! Porque eu..
vou te amar... por toda a minha vida! Porque eu... **eu sei** que vou te am
a a minha vida! Porque eu... eu sei que vou te amar... por toda a minha v
eu... eu sei que vou te amar... por toda a minha vida! Porque eu... eu sei
amar... por toda a minha vida! Porque eu... eu sei que vou te amar... por t
a vida! Porque eu... eu sei **que** vou te amar... por toda a minha vida! Por
sei que vou te amar... por toda a minha vida! Porque eu... eu sei que vo
por toda a minha vida! Porque eu... eu sei que vou te amar... por toda a mi
orque eu... eu sei que vou te amar... por toda a minha vida! Porque eu...
vou te amar... por toda a minha vida! Porque eu... eu sei que vou te am
a a minha vida! Porque eu... eu sei que vou **te amar...** por toda a minha v
eu... eu sei que vou te amar... por toda a minha vida! Porque eu... eu sei
amar... por toda a minha vida! Porque eu... eu sei que vou te amar... por t
a vida! Porque eu... eu sei que vou te amar... por toda a minha vida! Por
sei que vou te amar... **por toda** a minha vida! Porque eu... eu sei que vo
por toda a minha vida! Porque eu... eu sei que vou te amar... por toda **a** mi
orque eu... eu sei que vou te amar... por toda a minha vida! Porque eu...
vou te amar... por toda a minha vida! Porque eu... eu sei que vou te am
a a minha vida! Porque eu... eu sei que vou te amar... por toda a minha v
eu... eu sei que vou te amar... por toda a minha vida! Porque eu... eu sei
amar... por toda a **minha** vida! Porque eu... eu sei que vou te amar... por t
a vida! Porque eu... eu sei que vou te amar... por toda a minha vida! Por
sei que vou te amar... por toda a minha **vida!** Porque eu... eu sei que vo
por toda a minha vida! Porque eu... eu sei que vou te amar... por toda a mi
orque eu... eu sei que vou te amar... por toda a minha vida! Porque eu...

Porque eu... eu sei que vou te amar...
por toda a minha vida!

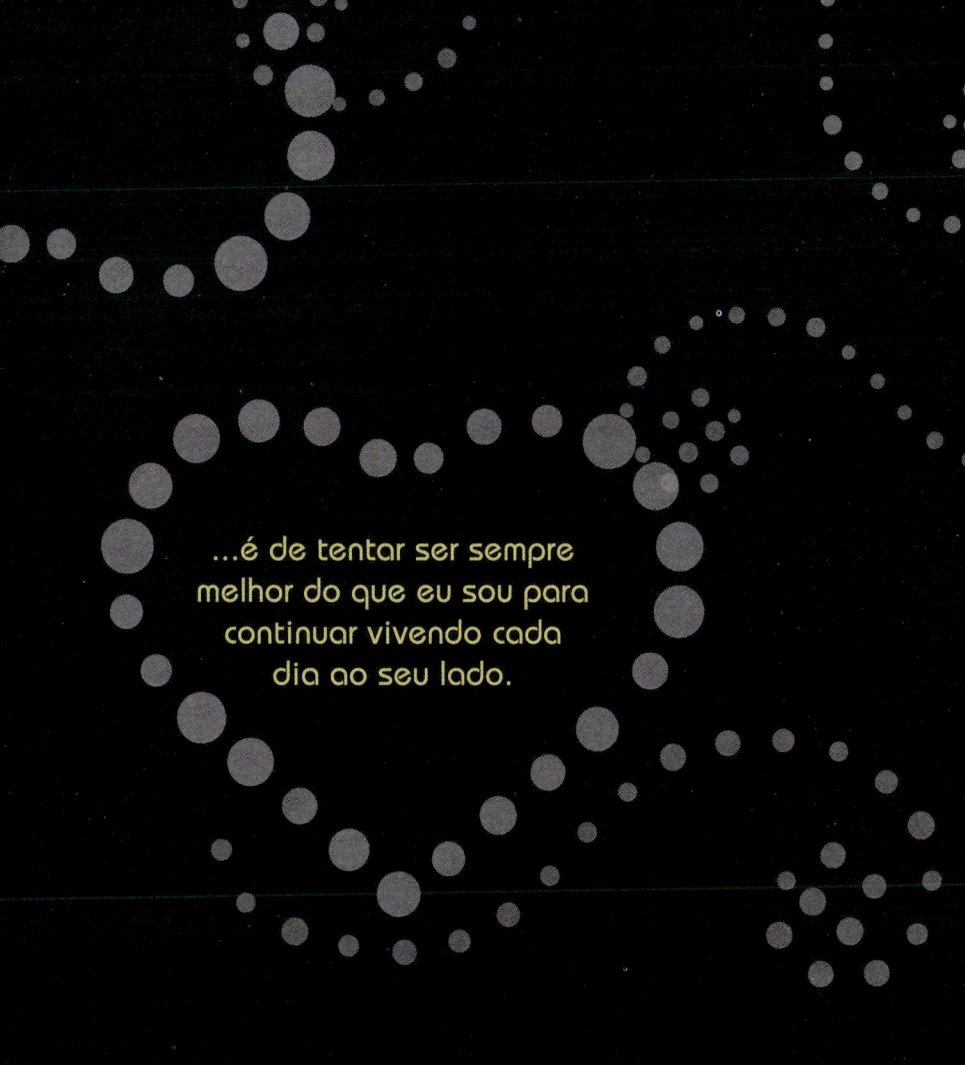

...é de tentar ser sempre melhor do que eu sou para continuar vivendo cada dia ao seu lado.

posso fazer... A única promessa que eu posso fazer... A única promessa
so fazer... A única promessa que eu posso fazer... A única promessa que
azer... A única promessa que eu posso fazer... A única promessa que eu po
A única promessa que eu posso fazer... **A única** promessa que eu posso faz
promessa que eu posso fazer... A única promessa que eu posso fazer... A ú
sa que eu posso fazer... A única promessa que eu posso fazer... A única prome
 posso fazer... A única promessa que eu posso fazer... A única promessa
so fazer... A única promessa que eu posso fazer... A única promessa que
azer... A única promessa que eu posso fazer... A única promessa que eu po
A única **promessa** que eu posso fazer... A única promessa que eu posso faz
promessa que eu posso fazer... A única promessa que eu posso fazer... A ú
sa que eu posso fazer... A única promessa **que** eu posso fazer... A única prome
 posso fazer... A única promessa que eu posso fazer... A única promessa
so fazer... A única promessa que eu posso fazer... A única promessa que
azer... A única promessa que eu posso fazer... A única promessa que **eu** po
A única promessa que eu posso fazer... A única promessa que eu posso faz
promessa que eu posso fazer... A única promessa que eu posso fazer... A ú
sa que eu **posso** fazer... A única promessa que eu posso fazer... A única prome
 posso fazer... A única promessa que eu posso fazer... A única promessa
so fazer... A única promessa que eu posso fazer... A única promessa que
azer... A única promessa que eu posso fazer... A única promessa que eu po
A única promessa que eu posso fazer... A única promessa que eu posso faz
promessa que eu posso fazer... A única promessa que eu posso fazer... A ú
sa que eu posso fazer... A única promessa que eu posso **fazer**... A única prome
 posso fazer... A única promessa que eu posso fazer... A única promessa
so fazer... A única promessa que eu posso fazer... A única promessa que
azer... A única promessa que eu posso fazer... A única promessa que eu po
A única promessa que eu posso fazer... A única promessa que eu posso faz

A única promessa que eu posso fazer...

Tudo perde o sentido se você não estiver comigo.

É por isso que eu não posso mais viver sem você. É por isso que eu não posso mais viver sem você.

É por isso que eu não posso mais viver sem você.

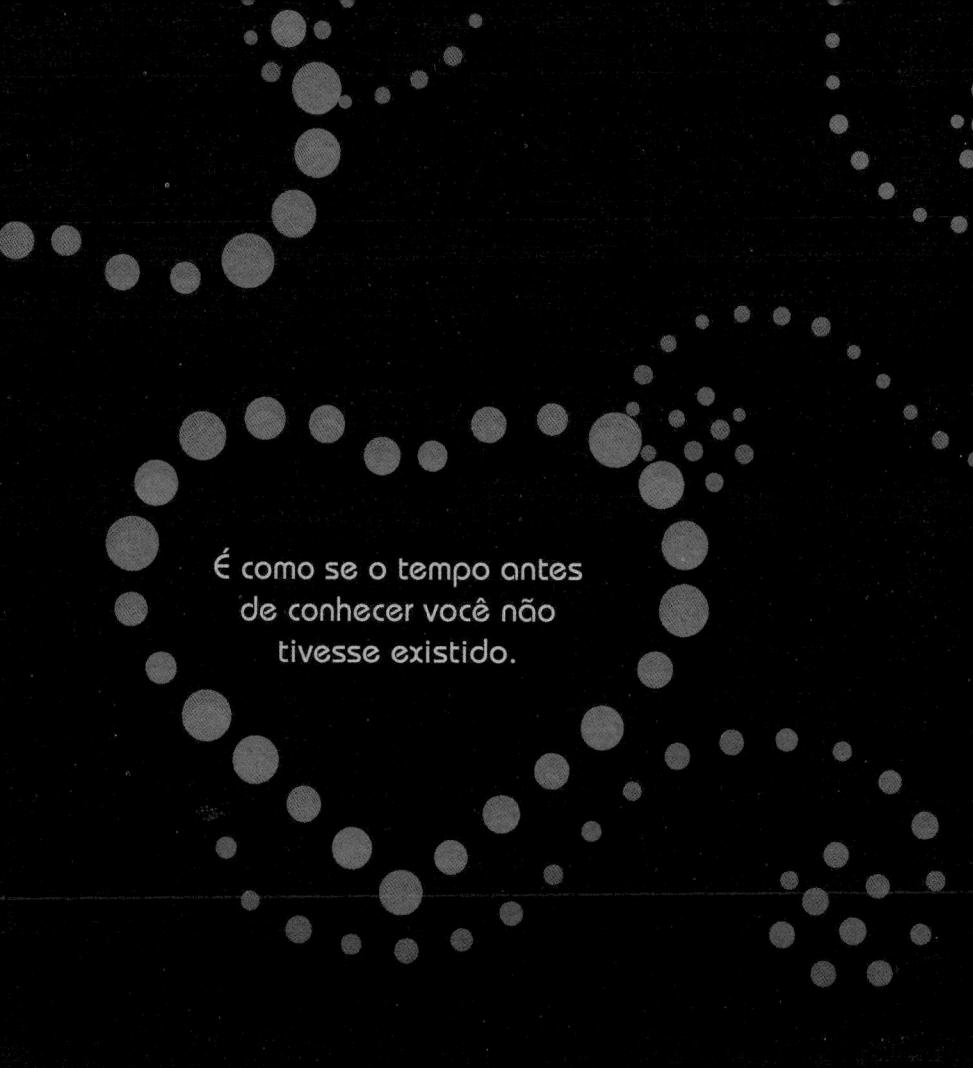

É como se o tempo antes de conhecer você
não tivesse existido.

um dos maiores acontecimentos da minha vida! Porque **você** é um dos maiores acontecimentos da minha vida! Porque você é **um dos** maiores acontecimentos da minha vida! Porque você é um dos **maiores** acontecimentos da minha vida! Porque você é um dos maiores **acontecimentos** da minha vida! Porque você é um dos maiores acontecimentos **da** minha vida! Porque você é um dos maiores acontecimentos da **minha** vida! Porque você é um dos maiores acontecimentos da minha **vida!** Porque você é um dos maiores acontecimentos da minha vida!

Porque você é um dos maiores acontecimentos da minha vida!

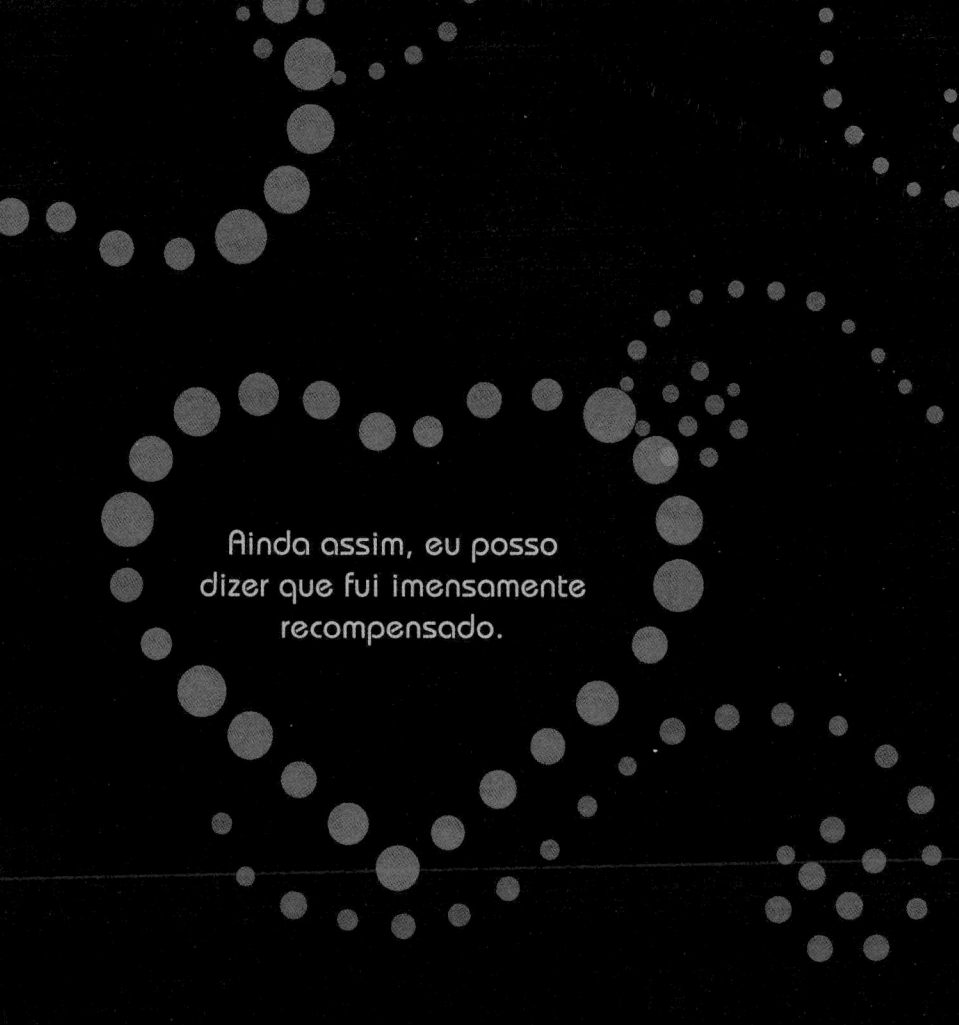

Ainda assim, eu posso dizer que fui imensamente recompensado.

eção. Amar é se atirar em queda livre sem rede de proteção. Amar é se at
ivre sem rede de proteção. Amar é se atirar em queda livre sem rede de pro
se atirar em queda livre sem rede de proteção. Amar é se atirar em qued
e de proteção. Amar **é** se atirar em queda livre sem rede de proteção. Am
n queda livre sem rede de proteção. Amar é **se** atirar em queda livre se
eção. Amar é se atirar em queda livre sem rede de proteção. Amar é se at
ivre sem rede de proteção. Amar é se atirar em queda livre sem rede de pro
se atirar em queda livre sem rede de proteção. Amar é se **atirar** em qued
e de proteção. Amar é se atirar em queda livre sem rede de proteção. Am
n queda livre sem rede de proteção. Amar é se atirar em queda livre se
eção. Amar é se atirar em queda livre sem rede de proteção. Amar é se at
vre sem rede de proteção. Amar é se atirar em queda livre sem rede de pro
se atirar **em** queda livre sem rede de proteção. Amar é se atirar em qued
e de proteção. Amar é se atirar em queda livre sem rede de proteção. Am
n queda livre sem rede de proteção. Amar é se atirar em queda livre se
eção. Amar é se atirar em **queda** livre sem rede de proteção. Amar é se at
vre sem rede de proteção. Amar é se atirar em queda **livre** sem rede de pro
se atirar em queda livre sem rede de proteção. Amar é se atirar em qued
e de proteção. Amar é se atirar em queda livre sem rede de proteção. Am
n queda livre **sem** rede de proteção. Amar é se atirar em queda livre ser
eção. Amar é se atirar em queda livre sem rede de proteção. Amar é se ati
vre sem rede de proteção. Amar é se atirar em queda livre sem rede de pro
se atirar em queda livre sem rede de proteção. Amar é se atirar em qued
e de proteção. Amar é se atirar em queda livre sem **rede** de proteção. Am
n queda livre sem rede de proteção. Amar é se atirar em queda livre ser
eção. Amar é se atirar em queda livre sem rede de proteção. Amar é se ati
vre sem rede **de proteção.** Amar é se atirar em queda livre sem rede de pro
se atirar em queda livre sem rede de proteção. Amar é se atirar em qued

Amar é se atirar em queda livre sem rede de proteção.

Só quem tem coragem pode amar de verdade.

...sco. Porque amar é mesmo um eterno correr risco. Porque amar é mes
no correr risco. Porque amar é mesmo um eterno correr risco. Porque ama
um eterno correr risco. **Porque** amar é mesmo um eterno correr risco. Por
mesmo um eterno correr risco. Porque amar é mesmo um eterno correr ris
amar é mesmo um eterno correr risco. Porque amar é mesmo um eterno co
orque amar é mesmo um eterno correr risco. Porque amar é mesmo um ete
isco. Porque amar é mesmo um eterno correr risco. Porque amar é mes
no correr risco. Porque amar é mesmo um eterno correr risco. Porque ama
um eterno correr risco. Porque **amar** é mesmo um eterno correr risco. Por
mesmo um eterno correr risco. Porque amar é mesmo um eterno correr ris
amar é mesmo um eterno correr risco. Porque amar é mesmo um eterno co
orque amar é mesmo um eterno correr risco. Porque amar é mesmo um ete
isco. Porque amar **é** mesmo um eterno correr risco. Porque amar é mes
no correr risco. Porque amar é mesmo um eterno correr risco. Porque ama
um eterno correr risco. Porque amar é mesmo um eterno correr risco. Por
mesmo um eterno correr risco. Porque amar é **mesmo** um eterno correr ris
amar é mesmo um eterno correr risco. Porque amar é mesmo um eterno co
orque amar é mesmo **um** eterno correr risco. Porque amar é mesmo um ete
isco. Porque amar é mesmo um eterno correr risco. Porque amar é mes
no correr risco. Porque amar é mesmo um eterno correr risco. Porque ama
um eterno correr risco. Porque amar é mesmo um eterno correr risco. Por
mesmo um **eterno** correr risco. Porque amar é mesmo um eterno correr ris
amar é mesmo um eterno correr risco. Porque amar é mesmo um eterno co
orque amar é mesmo um eterno correr risco. Porque amar é mesmo um ete
isco. Porque amar é mesmo um eterno **correr** risco. Porque amar é mes
no correr risco. Porque amar é mesmo um eterno correr risco. Porque ama
um eterno correr risco. Porque amar é mesmo um eterno correr **risco.** Por
mesmo um eterno correr risco. Porque amar é mesmo um eterno correr ri

Porque amar é mesmo um eterno correr risco.

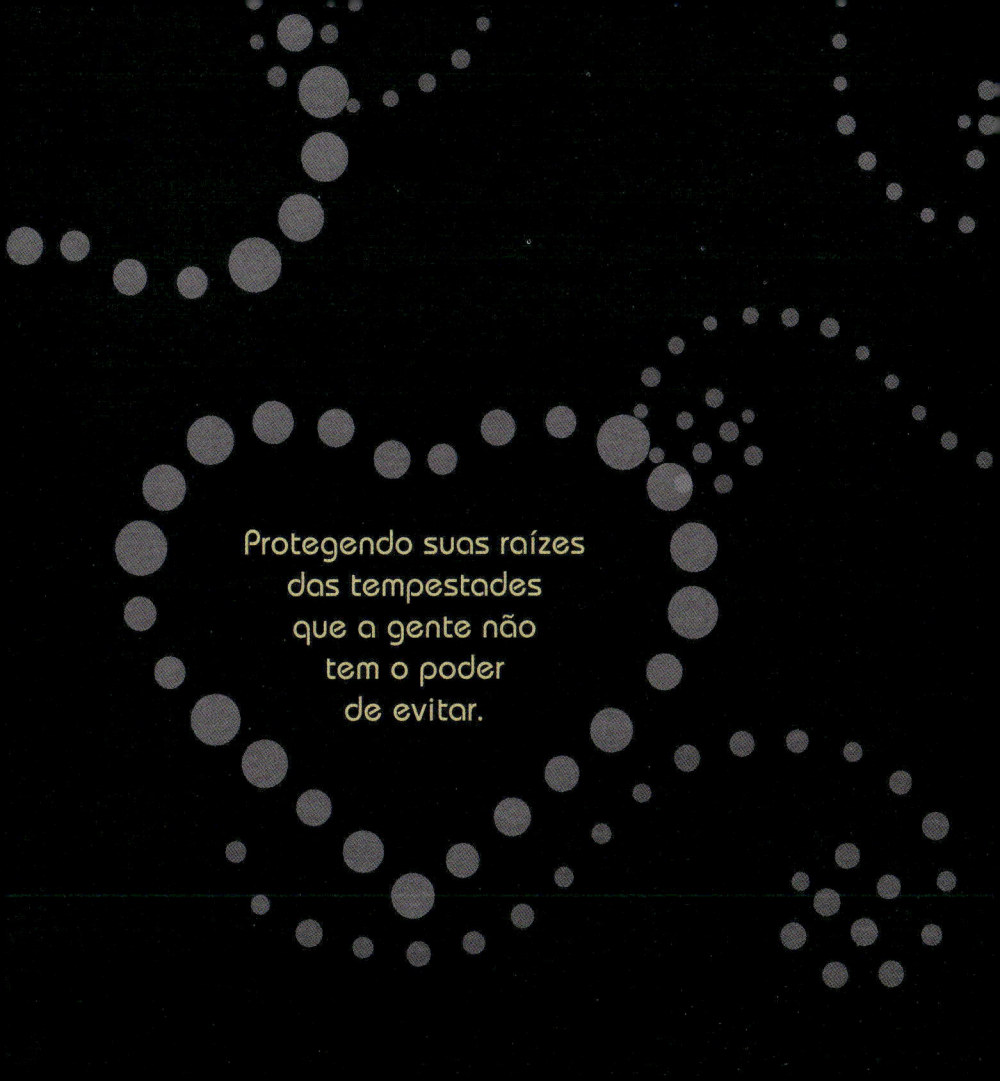

Protegendo suas raízes
das tempestades
que a gente não
tem o poder
de evitar.

Protegendo suas raízes das tempestades
que a gente não tem o poder de evitar.

emais. Regando nosso amor quando o tempo parecer árido demais. Rega
amor quando o tempo parecer árido demais. Regando nosso amor quanc
parecer árido demais. Regando nosso amor quando o tempo parecer á
. **Regando** nosso amor quando o tempo parecer árido demais. Regando nc
Jando o tempo parecer árido demais. Regando nosso amor quando o te
árido demais. Regando nosso amor quando o tempo parecer árido den
o nosso amor quando o tempo parecer árido demais. Regando **nosso** c
o tempo parecer árido demais. Regando nosso amor quando o tempo par
emais. Regando nosso amor quando o tempo parecer árido demais. Rego
amor quando o tempo parecer árido demais. Regando nosso amor quanc
parecer árido demais. Regando nosso **amor** quando o tempo parecer á
. Regando nosso amor quando o tempo parecer árido demais. Regando nc
Jando o tempo parecer árido demais. Regando nosso amor **quando** o te
árido demais. Regando nosso amor quando o tempo parecer árido den
o nosso amor quando o tempo parecer árido demais. Regando nosso c
o tempo parecer árido demais. Regando nosso amor quando o tempo par
emais. Regando nosso amor quando o tempo parecer árido demais. Rego
amor quando **o tempo** parecer árido demais. Regando nosso amor quanc
parecer árido demais. Regando nosso amor quando o tempo parecer á
. Regando nosso amor quando o tempo parecer árido demais. Regando nc
Jando o tempo parecer árido demais. Regando nosso amor quando o te
árido demais. Regando nosso amor quando o tempo parecer árido den
o nosso amor quando o tempo **parecer** árido demais. Regando nosso c
o tempo parecer árido demais. Regando nosso amor quando o tempo par
emais. Regando nosso amor quando o tempo parecer árido demais. Rego
amor quando o tempo parecer árido demais. Regando nosso amor quanc
parecer **árido** demais. Regando nosso amor quando o tempo parecer á
. Regando nosso amor quando o tempo parecer árido **demais.** Regando nc

Regando nosso amor quando o tempo parecer árido demais.

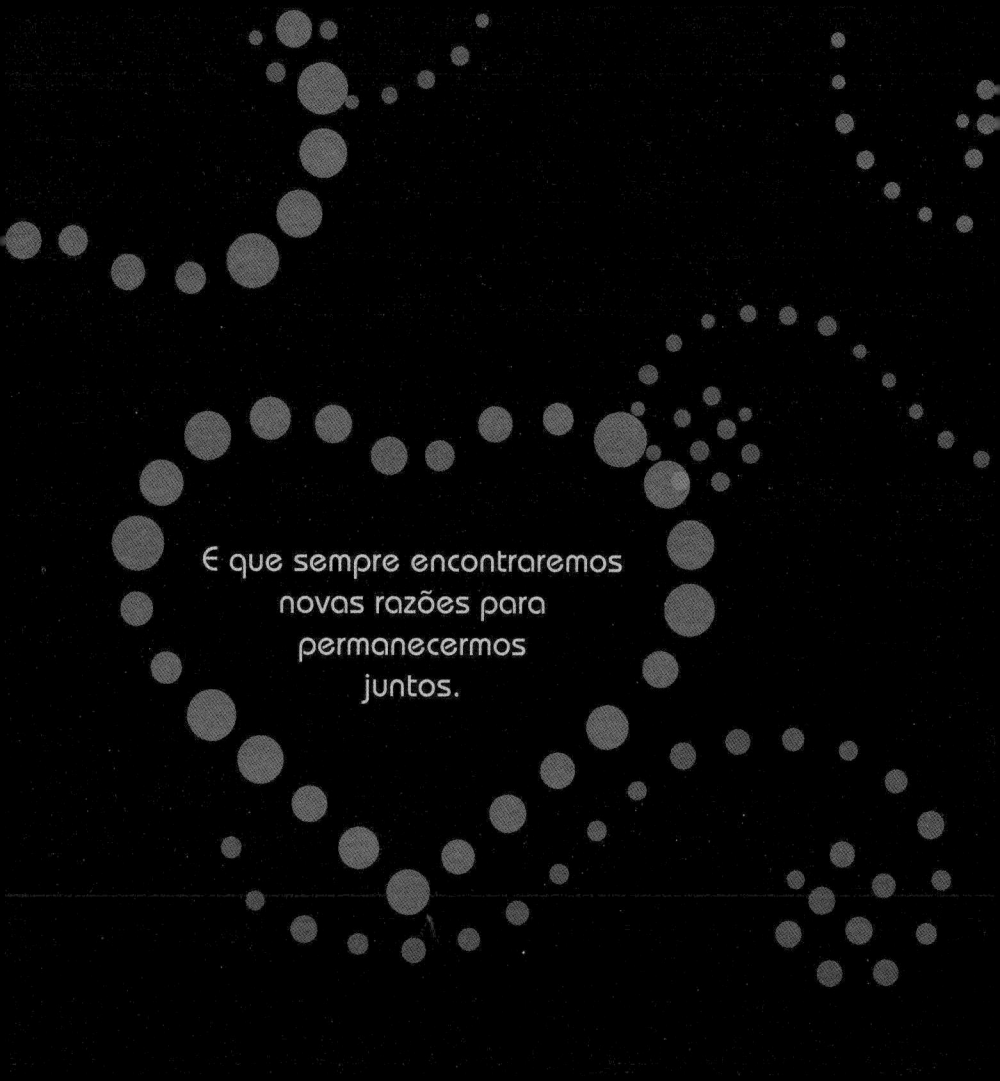

E que sempre encontraremos
novas razões para
permanecermos
juntos.

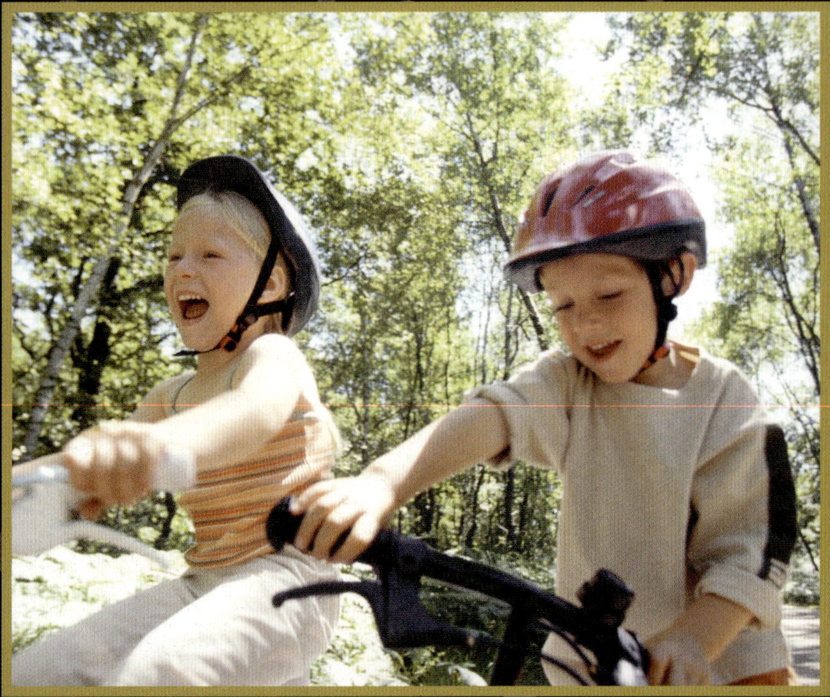

€ crescer... € crescer

E crescer...

Que veremos nossa
família crescer.

Que veremos nossa família crescer.

nidade a cada dia. Que vamos construir juntos um pedacinho de eternic
dia. Que vamos construir juntos um pedacinho de eternidade a cada
mos construir juntos um pedacinho de eternidade a cada dia. Que vc
r juntos um pedacinho de eternidade a cada dia. Que vamos construir ju
acinho de eternidade a cada dia. Que vamos construir juntos um pedac
nidade a cada dia. Que vamos construir juntos um pedacinho de eternic
dia. Que **vamos** construir juntos um pedacinho de eternidade a cada
mos construir juntos um pedacinho de eternidade a cada dia. Que va
r juntos um pedacinho de eternidade a cada dia. Que vamos **construir** ju
acinho de eternidade a cada dia. Que vamos construir juntos um pedac
nidade a cada dia. Que vamos construir **juntos** um pedacinho de eternic
dia. Que vamos construir juntos um pedacinho de eternidade a cada
mos construir juntos um pedacinho de eternidade a cada dia. Que va
r juntos **um pedacinho** de eternidade a cada dia. Que vamos construir ju
acinho de eternidade a cada dia. Que vamos construir juntos um pedac
nidade a cada dia. Que vamos construir juntos um pedacinho de eternic
dia. Que vamos construir juntos um pedacinho **de eternidade** a cada
mos construir juntos um pedacinho de eternidade a cada dia. Que va
r juntos um pedacinho de eternidade a cada dia. Que vamos construir ju
acinho de eternidade a cada dia. Que vamos construir juntos um pedac
nidade **a cada** dia. Que vamos construir juntos um pedacinho de eternid
dia. Que vamos construir juntos um pedacinho de eternidade a cada
mos construir juntos um pedacinho de eternidade a cada dia. Que va
r juntos um pedacinho de eternidade a cada **dia.** Que vamos construir ju
acinho de eternidade a cada dia. Que vamos construir juntos um pedac
nidade a cada dia. Que vamos construir juntos um pedacinho de eternic
dia. Que vamos construir juntos um pedacinho de eternidade a cada
mos construir juntos um pedacinho de eternidade a cada dia. Que va

Que vamos construir juntos um pedacinho
de eternidade a cada dia.

E meu coração se enche de esperança de que continuaremos sendo abençoados com dias felizes.

E meu coração se enche de esperança de que
continuaremos sendo abençoados com dias felizes.

nos fazer parte um do outro por toda a vida. Dessa impressão boa de
fazer parte um do outro por toda a vida. Dessa **impressão** boa de que v
arte um do outro por toda a vida. Dessa impressão boa de que vamos
m do outro por toda a vida. Dessa impressão **boa** de que vamos fazer part
o por toda a vida. Dessa impressão boa de que vamos fazer parte um do
a a vida. Dessa impressão boa **de que** vamos fazer parte um do outro por
Dessa impressão boa de que vamos fazer parte um do outro por toda a
mpressão boa de que vamos fazer parte um do outro por toda a vida. D
ão boa de que vamos fazer parte um do outro por toda a vida. Dessa impre
que vamos **fazer parte** um do outro por toda a vida. Dessa impressão bo
mos fazer parte um do outro por toda a vida. Dessa impressão boa de
fazer parte um do outro por toda a vida. **Dessa** impressão boa de que v
arte um do outro por toda a vida. Dessa impressão boa de que vamos
m do outro por toda a vida. Dessa impressão boa de que vamos fazer part
o por toda a vida. Dessa impressão boa de que vamos fazer parte **um** do
a a vida. Dessa impressão boa de que vamos fazer parte um do outro por
Dessa impressão boa de que vamos fazer parte um do outro por toda a
mpressão boa de que vamos fazer parte um **do outro** por toda a vida. D
ão boa de que vamos fazer parte um do outro por toda a vida. Dessa impre
que vamos fazer parte um do outro por toda a vida. Dessa impressão bo
mos fazer parte um do outro **por toda** a vida. Dessa impressão boa de
fazer parte um do outro por toda a vida. Dessa impressão boa de que v
arte um do outro por toda a vida. Dessa impressão boa de que vamos
m do outro por toda a vida. Dessa impressão boa de que vamos fazer part
o por toda a vida. Dessa impressão boa de que vamos fazer parte um do
a a vida. Dessa impressão boa de que vamos fazer parte um do outro por
Dessa impressão boa de que vamos fazer parte um do outro por toda a
mpressão boa de que vamos fazer parte um do outro por toda **a vida**. D

Dessa impressão boa de que vamos fazer parte um do outro por toda a vida.

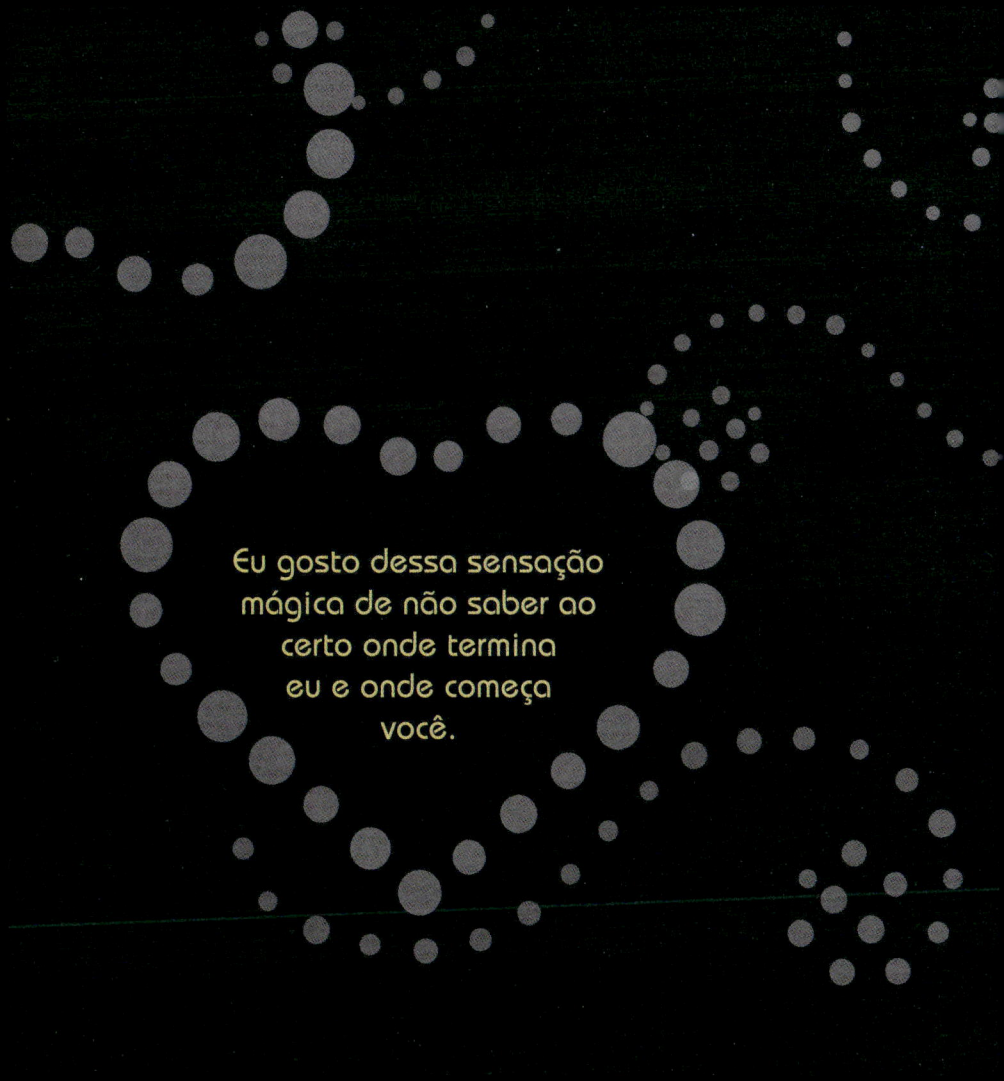

Eu gosto dessa sensação mágica de não saber ao certo onde termina eu e onde começa você.

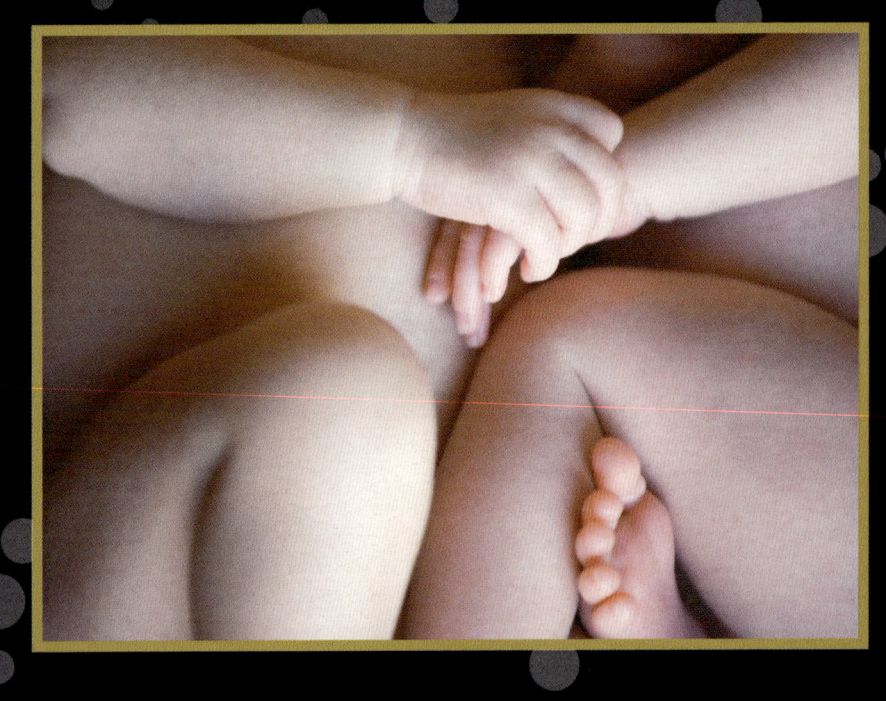

Eu gosto dessa sensação mágica
de não saber ao certo onde termina eu
e onde começa você.

la. Sua presença é como um sol entrando por uma fresta da janela. Sua pre
omo um sol entrando por uma fresta da janela. Sua presença é como u
ando por uma fresta da janela. Sua **presença** é como um sol entrando po
ta da janela. Sua presença é como um sol entrando por uma fresta da janel
sença é como um sol entrando por uma fresta da janela. Sua presença é
sol entrando por uma fresta da janela. Sua presença é como um sol ent
uma fresta da janela. Sua presença é como um sol entrando por uma fres
la. Sua presença **é como** um sol entrando por uma fresta da janela. Sua pre
omo um sol entrando por uma fresta da janela. Sua presença é como u
ando por uma fresta da janela. Sua presença é como um sol entrando po
ta da janela. Sua presença é como um sol entrando por uma fresta da janel
sença é como um sol entrando por uma fresta da janela. Sua presença é
sol entrando por uma fresta da janela. Sua presença é como **um sol** ent
uma fresta da janela. Sua presença é como um sol entrando por uma fres
la. Sua presença é como um sol entrando por uma fresta da janela. Sua pre
omo um sol **entrando** por uma fresta da janela. Sua presença é como u
ando por uma fresta da janela. Sua presença é como um sol entrando po
ta da janela. Sua presença é como um sol entrando **por uma** fresta da janel
sença é como um sol entrando por uma fresta da janela. Sua presença é
sol entrando por uma **fresta** da janela. Sua presença é como um sol ent
uma fresta da janela. Sua presença é como um sol entrando por uma fres
la. Sua presença é como um sol entrando por uma fresta da janela. Sua pre
omo um sol entrando por uma fresta **da** janela. Sua presença é como u
ando por uma fresta da janela. Sua presença é como um sol entrando po
ta da janela. Sua presença é como um sol entrando por uma fresta da janel
sença é como um sol entrando por uma fresta da **janela.** Sua presença é
sol entrando por uma fresta da janela. Sua presença é como um sol en

Sua presença é como um sol
entrando por uma fresta da janela.

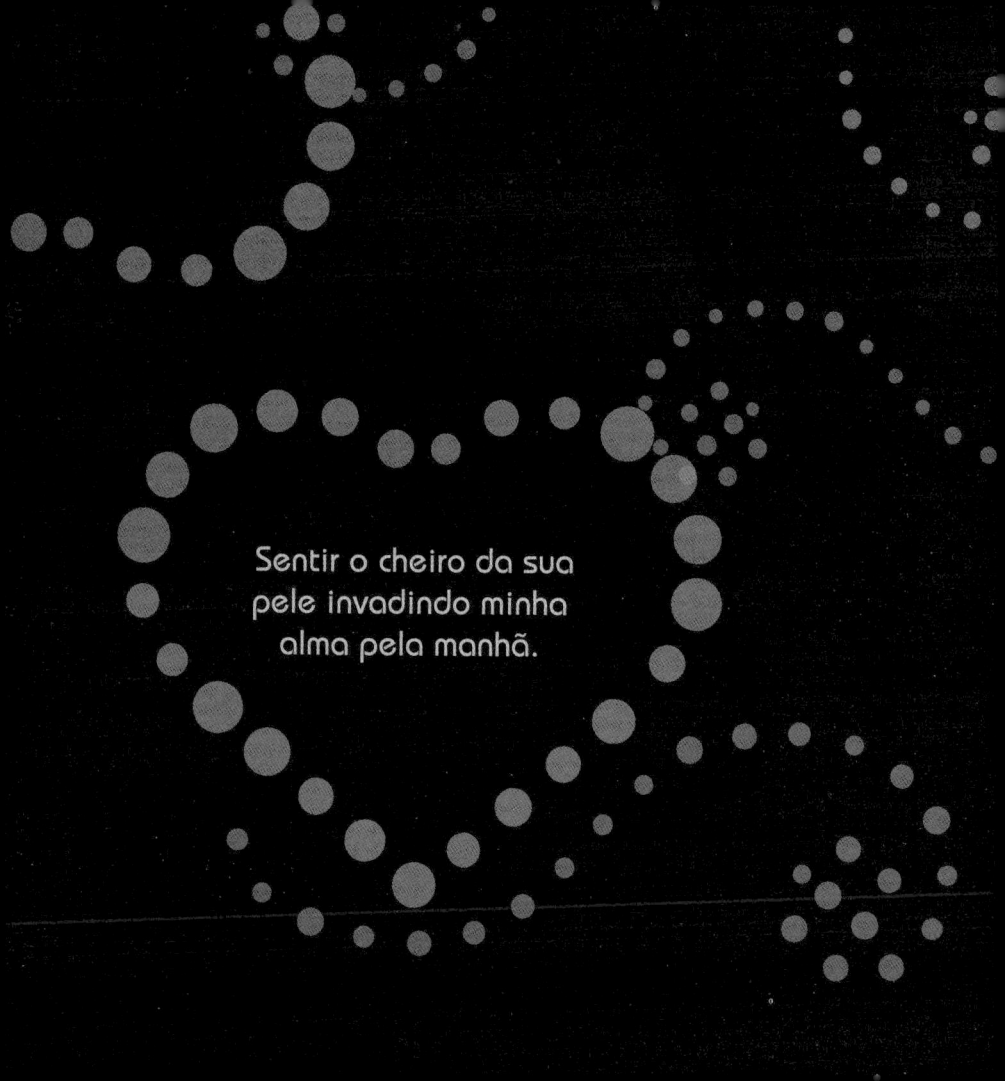

Sentir o cheiro da sua pele invadindo minha alma pela manhã.

Sentir o cheiro da sua pele
invadindo minha alma pela manhã.

o... É **por isso** tudo que até hoje eu amo poder acordar ao seu lado... É por
e até hoje eu amo poder acordar ao seu lado... É por isso tudo que até ho
der acordar ao seu lado... É por isso tudo que até hoje eu amo poder ac
lado... É por isso tudo que até hoje eu amo poder acordar ao seu lado...
do que até hoje eu amo poder acordar ao seu lado... É por isso **tudo** que
amo poder acordar ao seu lado... É por isso tudo que até hoje eu amo p
ao seu lado... É por isso tudo que até hoje eu amo poder acordar ac
É por isso tudo **que até** hoje eu amo poder acordar ao seu lado... É por
e até hoje eu amo poder acordar ao seu lado... É por isso tudo que até ho
der acordar ao seu lado... É por isso tudo que até hoje eu amo poder ac
lado... É por isso tudo que até hoje eu amo poder acordar ao seu lado...
do que até **hoje** eu amo poder acordar ao seu lado... É por isso tudo que
amo poder acordar ao seu lado... É por isso tudo que até hoje eu amo p
ao seu lado... É por isso tudo que até hoje **eu amo** poder acordar ac
É por isso tudo que até hoje eu amo poder acordar ao seu lado... É por
e até hoje eu amo poder acordar ao seu lado... É por isso tudo que até ho
der acordar ao seu lado... É por isso tudo que até hoje eu amo poder ac
lado... É por isso tudo que até hoje eu amo poder acordar ao seu lado...
do que até hoje eu amo **poder** acordar ao seu lado... É por isso tudo que
amo poder acordar ao seu lado... É por isso tudo que até hoje eu amo p
ao seu lado... É por isso tudo que até hoje eu amo poder acordar ac
É por isso tudo que até hoje eu amo poder **acordar** ao seu lado... É por
e até hoje eu amo poder acordar ao seu lado... É por isso tudo que até ho
der acordar ao seu lado... É por isso tudo que até hoje eu amo poder ac
lado... É por isso tudo que até hoje eu amo poder acordar ao seu lado...
do que até hoje eu amo poder acordar ao seu lado... É por isso tudo que
amo poder acordar **ao seu lado**... É por isso tudo que até hoje eu amo p
ao seu lado... É por isso tudo que até hoje eu amo poder acordar a

É por isso tudo que até hoje eu amo
poder acordar ao seu lado...

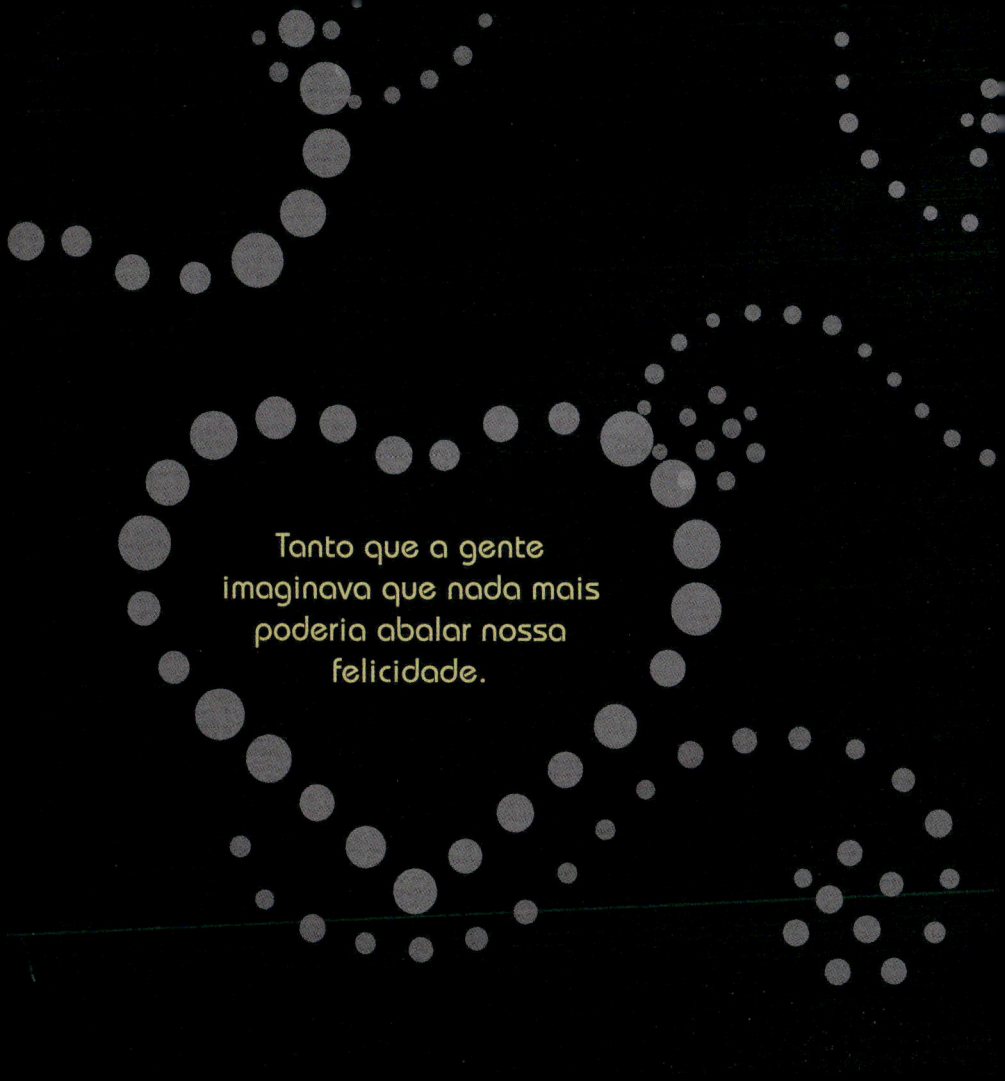

Tanto que a gente imaginava que nada mais poderia abalar nossa felicidade.

Tanto que a gente imaginava que nada mais poderia abalar nossa felicidade.

união se fortalecia mais do que nunca. E, realmente, nesses momentos
e fortalecia mais do que nunca. E, realmente, nesses momentos a nossa
a mais do que nunca. E, realmente, nesses momentos a nossa união se f
o que nunca. E, realmente, nesses momentos a nossa união se fortale
nunca. E, realmente, **nesses momentos** a nossa união se fortalecia mai:
E, realmente, nesses momentos a nossa união se fortalecia mais do que
te, nesses momentos a nossa união se fortalecia mais do que nunca. E, re
momentos a nossa união se fortalecia mais do que nunca. E, realmente
os **a nossa** união se fortalecia mais do que nunca. E, realmente, nesses m
união se fortalecia mais do que nunca. E, realmente, nesses momentos
e fortalecia mais do que nunca. E, realmente, nesses momentos a nossa
a mais do que nunca. E, realmente, nesses momentos a nossa **união** se f
o que nunca. E, realmente, nesses momentos a nossa união se fortale
nunca. E, realmente, nesses momentos a nossa união se fortalecia mai:
E, realmente, nesses momentos a nossa união se fortalecia mais do que
te, nesses momentos a nossa união se fortalecia mais do que nunca. E, re
momentos a nossa união **se fortalecia** mais do que nunca. E, realmente
os a nossa união se fortalecia mais do que nunca. E, realmente, nesses m
união se fortalecia mais do que nunca. E, realmente, nesses momentos
e fortalecia mais do que nunca. E, realmente, nesses momentos a nossa
a **mais** do que nunca. E, realmente, nesses momentos a nossa união se f
o que nunca. E, realmente, nesses momentos a nossa união se fortale
nunca. E, realmente, nesses momentos a nossa união se fortalecia mai:
E, realmente, nesses momentos a nossa união se fortalecia mais do que
te, nesses momentos a nossa união se fortalecia mais **do que** nunca. E, re
momentos a nossa união se fortalecia mais do que nunca. E, realmente
os a nossa união se fortalecia mais do que **nunca.** E, realmente, nesses m
união se fortalecia mais do que nunca. E, realmente, nesses momentos

E, realmente, nesses momentos a nossa união se fortalecia mais do que nunca.

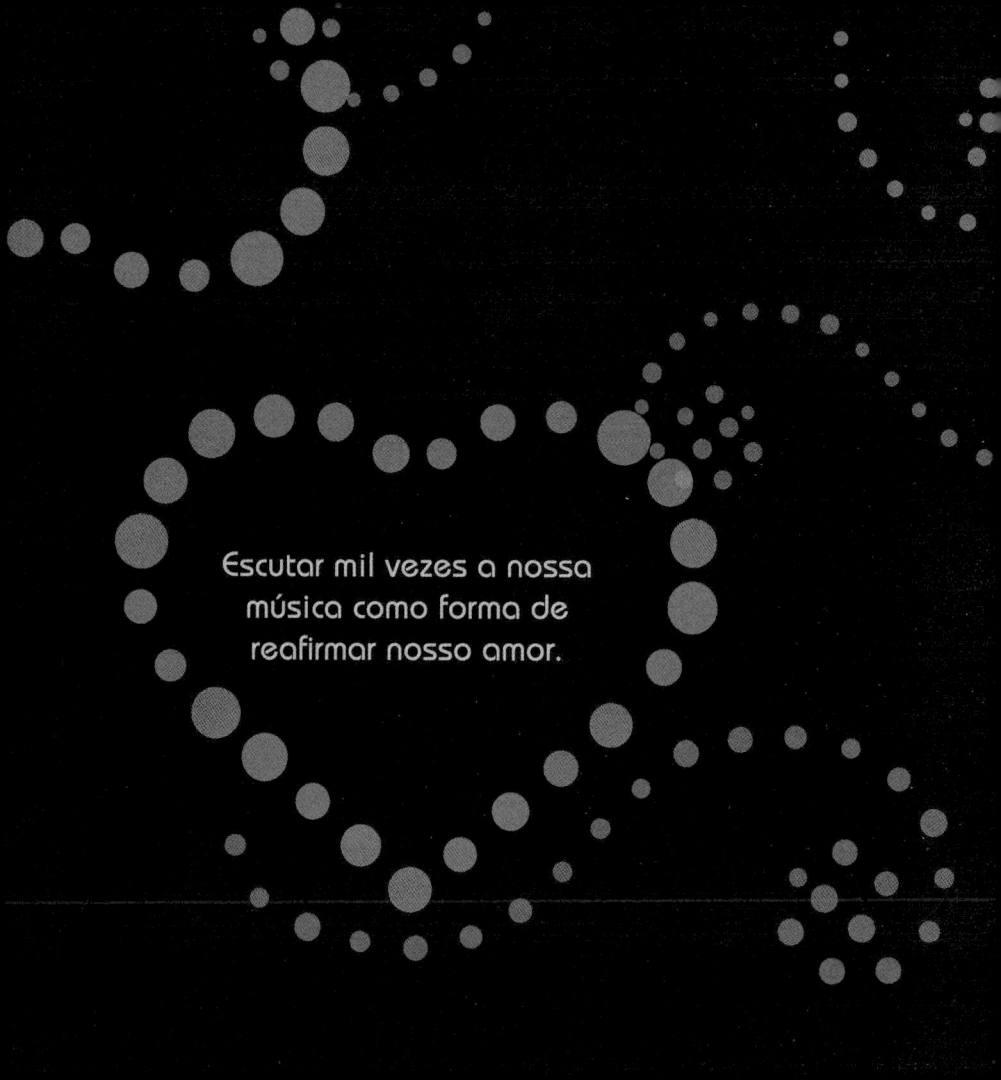

Escutar mil vezes a nossa música como forma de reafirmar nosso amor.

Escutar mil vezes a nossa música como forma de reafirmar nosso amor.

a bater no mesmo ritmo do meu. Ouvir seu coração voltar a bater no me
o meu. Ouvir seu coração voltar a bater no mesmo ritmo do meu. Ouvir
voltar a bater no mesmo ritmo do meu. Ouvir **seu** coração voltar a bate
ritmo do meu. Ouvir seu coração voltar a bater no mesmo ritmo do meu. C
ação voltar a bater no mesmo ritmo do meu. Ouvir seu coração voltar a b
mo ritmo do meu. Ouvir seu coração voltar a bater no mesmo ritmo do r
eu coração voltar a bater no mesmo ritmo do meu. Ouvir seu coração vc
no mesmo ritmo do meu. Ouvir seu coração voltar a bater no mesmo ri
. Ouvir seu coração voltar a bater no mesmo ritmo do meu. Ouvir seu corc
a bater no mesmo ritmo do meu. Ouvir seu **coração** voltar a bater no me
o meu. Ouvir seu coração voltar a bater no mesmo ritmo do meu. Ouvir
voltar a bater no mesmo ritmo do meu. Ouvir seu coração voltar a bate
ritmo do meu. Ouvir seu coração voltar a bater no mesmo ritmo do meu. C
ação **voltar** a bater no mesmo ritmo do meu. Ouvir seu coração voltar a b
mo ritmo do meu. Ouvir seu coração voltar a bater no mesmo ritmo do r
eu coração voltar **a bater** no mesmo ritmo do meu. Ouvir seu coração vc
no mesmo ritmo do meu. Ouvir seu coração voltar a bater no mesmo ri
. Ouvir seu coração voltar a bater no mesmo ritmo do meu. Ouvir seu corc
a bater no mesmo ritmo do meu. Ouvir seu coração voltar a bater **no** me
o meu. Ouvir seu coração voltar a bater no **mesmo** ritmo do meu. Ouvir
voltar a bater no mesmo ritmo do meu. Ouvir seu coração voltar a bate
ritmo do meu. Ouvir seu coração voltar a bater no mesmo **ritmo** do meu. C
ação voltar a bater no mesmo ritmo do meu. Ouvir seu coração voltar a b
mo ritmo do meu. Ouvir seu coração voltar a bater no mesmo ritmo do r
eu coração voltar a bater no mesmo ritmo do meu. Ouvir seu coração vc
no mesmo ritmo **do meu.** Ouvir seu coração voltar a bater no mesmo ri
. Ouvir seu coração voltar a bater no mesmo ritmo do meu. Ouvir seu corc
bater no mesmo ritmo do meu. Ouvir seu coração voltar a bater no me

Ouvir seu coração voltar a bater
no mesmo ritmo do meu.

Poder sentir na boca
o gosto de nossas
lágrimas misturadas
no momento da
reconciliação.

Poder sentir na boca o gosto de nossas lágrimas
misturadas no momento da reconciliação.

passava de um truque para depois fazermos as pazes. Mas acho que tudo não passava de um truque para depois fazermos as pazes. Mas acho **que tudo** não passava de um truque para depois fazermos as pazes. Mas acho que tudo **não passava** de um truque para depois fazermos as pazes. Mas acho que tudo não passava **de um** truque para depois fazermos as pazes. Mas acho que tudo não passava de um **truque** **para depois** fazermos as pazes. Mas acho que tudo não passava de um truque para depois **fazermos** **as pazes.** Mas acho que tudo não passava de um truque para depois fazermos as pazes.

Mas acho que tudo não passava de um truque para depois fazermos as pazes.

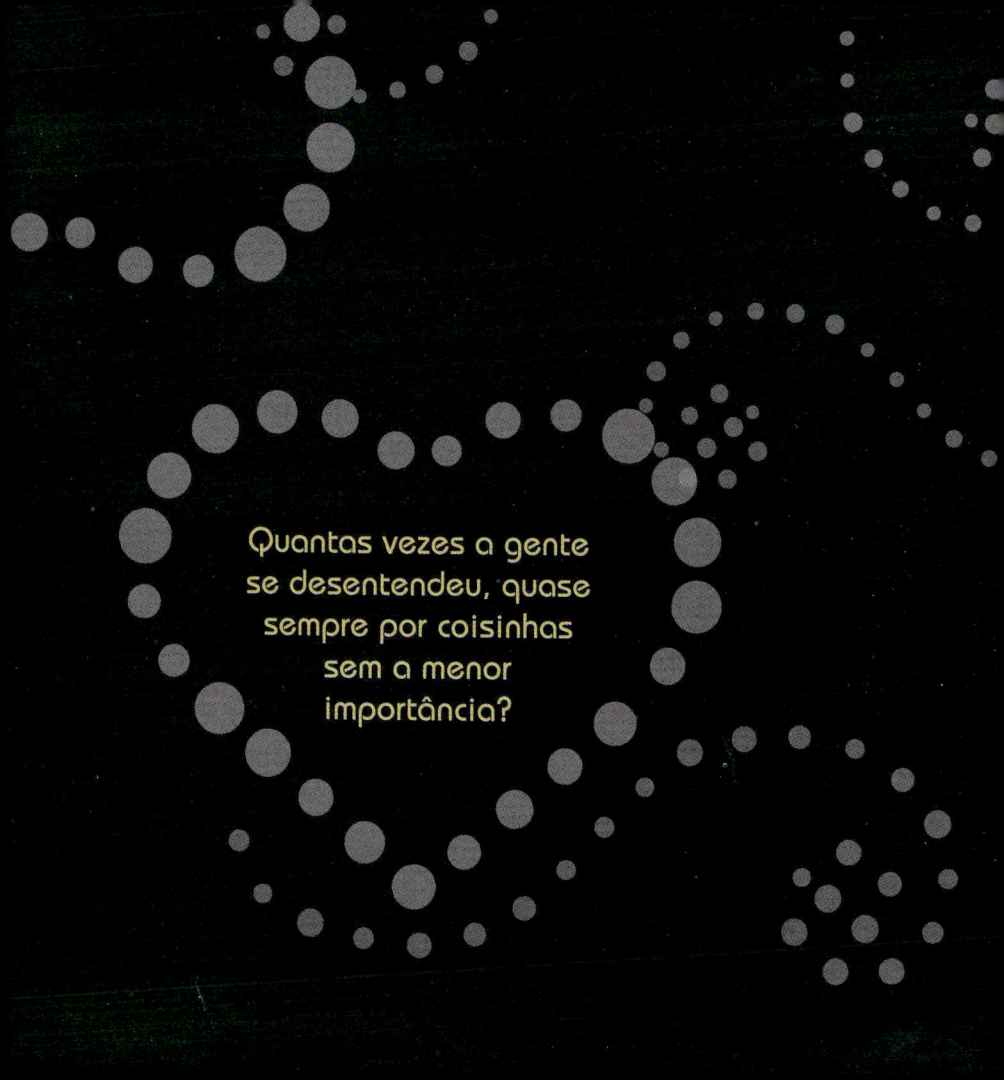

Quantas vezes a gente se desentendeu, quase sempre por coisinhas sem a menor importância?

Quantas vezes a gente se desentendeu, quase sempre por coisinhas sem a menor importância?

tos difíceis. É claro que a gente também teve momentos difíceis. É claro
também teve momentos difíceis. É claro que a gente também teve momer
É claro que a gente também teve momentos difíceis. É claro que a ge
n teve momentos difíceis. É claro **que** a gente também teve momentos difíc
que a gente também teve momentos difíceis. É claro que a gente tamb
omentos difíceis. É claro que a gente também teve momentos difíceis. É c
gente também teve momentos difíceis. É claro que **a gente** também t
tos difíceis. É claro que a gente também teve momentos difíceis. É claro
também teve momentos difíceis. É claro que a gente também teve momer
É claro que a gente também teve momentos difíceis. É claro que a ge
n teve momentos difíceis. É claro que a gente também teve momentos difíc
que a gente **também** teve momentos difíceis. É claro que a gente tamb
omentos difíceis. É claro que a gente também teve momentos difíceis. É c
gente também teve momentos difíceis. É claro que a gente também t
tos difíceis. É claro que a gente também teve momentos difíceis. É claro
também teve momentos difíceis. É claro que a gente também **teve** momer
É claro que a gente também teve momentos difíceis. É claro que a ge
n teve momentos difíceis. É claro que a gente também teve momentos difíc
que a gente também teve momentos difíceis. É claro que a gente tamb
omentos difíceis. É claro que a gente também teve momentos difíceis. É c
gente também teve **momentos** difíceis. É claro que a gente também t
tos difíceis. É claro que a gente também teve momentos difíceis. É claro
também teve momentos difíceis. É claro que a gente também teve momer
É claro que a gente também teve momentos **difíceis**. É claro que a ge
n teve momentos difíceis. É claro que a gente também teve momentos difíc
que a gente também teve momentos difíceis. É claro que a gente tamb
omentos difíceis. É claro que a gente também teve momentos difíceis. É c
gente também teve momentos difíceis. É claro que a gente também

É claro que a gente também teve momentos difíceis.

E seu silêncio é quase sempre meu único porto seguro.

E seu silêncio é quase sempre meu único porto seguro.

ias. Suas gargalhadas preenchem meu mundo com alegrias. **Suas** gargal
n meu mundo com alegrias. Suas gargalhadas preenchem meu mundo com ale
galhadas preenchem meu mundo com alegrias. Suas gargalhadas pree
do com alegrias. Suas gargalhadas preenchem meu mundo com alegrias
das preenchem meu mundo com alegrias. Suas gargalhadas preenchem meu r
ias. Suas **gargalhadas** preenchem meu mundo com alegrias. Suas gargal
n meu mundo com alegrias. Suas gargalhadas preenchem meu mundo com ale
galhadas preenchem meu mundo com alegrias. Suas gargalhadas preer
do com alegrias. Suas gargalhadas preenchem meu mundo com alegrias
das preenchem meu mundo com alegrias. Suas gargalhadas **preenchem** meu r
ias. Suas gargalhadas preenchem meu mundo com alegrias. Suas gargal
n meu mundo com alegrias. Suas gargalhadas preenchem meu mundo com ale
galhadas preenchem meu mundo com alegrias. Suas gargalhadas preer
do com alegrias. Suas gargalhadas preenchem meu mundo com alegrias.
das preenchem meu mundo com alegrias. Suas gargalhadas preenchem meu n
ias. Suas gargalhadas preenchem meu mundo com alegrias. Suas gargall
n meu mundo com alegrias. Suas gargalhadas preenchem meu mundo com ale
galhadas preenchem **meu mundo** com alegrias. Suas gargalhadas preer
do com alegrias. Suas gargalhadas preenchem meu mundo com alegrias.
as preenchem meu mundo com alegrias. Suas gargalhadas preenchem meu n
ias. Suas gargalhadas preenchem meu mundo com alegrias. Suas gargalh
n meu mundo com alegrias. Suas gargalhadas preenchem meu mundo com ale
galhadas preenchem meu mundo com alegrias. Suas gargalhadas preer
do **com** alegrias. Suas gargalhadas preenchem meu mundo com alegrias.
as preenchem meu mundo com alegrias. Suas gargalhadas preenchem meu n
ias. Suas gargalhadas preenchem meu mundo com **alegrias.** Suas gargalh
n meu mundo com alegrias. Suas gargalhadas preenchem meu mundo com ale
alhadas preenchem meu mundo com alegrias. Suas gargalhadas preencher

Suas gargalhadas preenchem meu mundo com alegrias.

Seu olhar continua
iluminando tudo
ao meu redor.

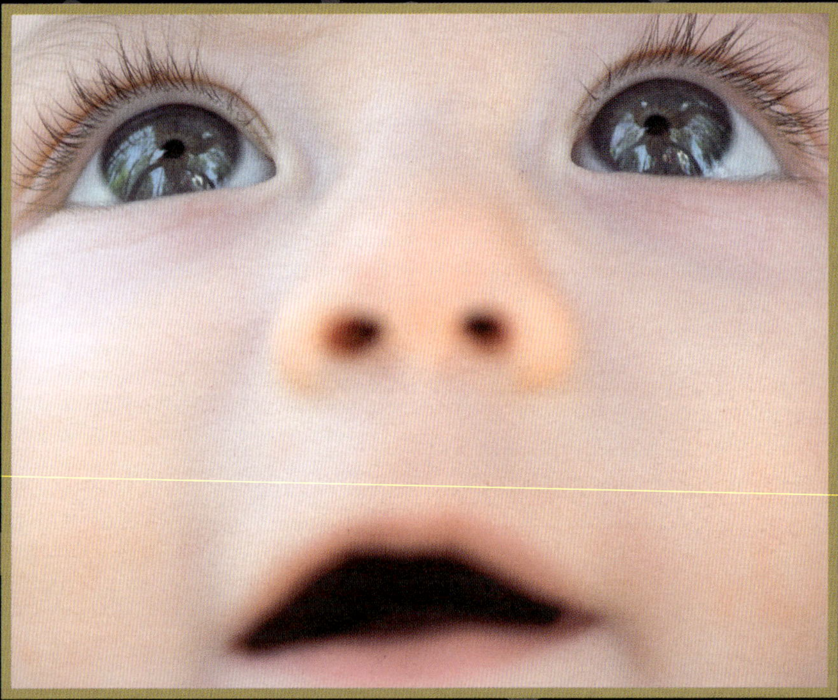

ho na barriga. De vez em quando, ao ouvir sua voz ao telefone, ainda sin
ozinho na barriga. De vez em quando, ao ouvir sua voz ao telefone, ainc
um friozinho na barriga. De vez **em quando,** ao ouvir sua voz ao telefon
 sinto um friozinho na barriga. De vez em quando, ao ouvir sua voz c
ne, ainda sinto um friozinho na barriga. De vez em quando, ao ouvir sua v
efone, ainda sinto um friozinho na barriga. De vez em quando, **ao ouvir** su
 telefone, ainda sinto um friozinho na barriga. De vez em quando, ao ouv
oz ao telefone, ainda sinto um friozinho na barriga. De vez em quando, c
sua voz ao telefone, ainda sinto um friozinho na barriga. De vez em quand
vir sua voz ao telefone, ainda sinto um friozinho na barriga. De vez e
do, ao ouvir **sua voz** ao telefone, ainda sinto um friozinho na barriga. De v
ando, ao ouvir sua voz ao telefone, ainda sinto um friozinho na barriga. D
n quando, ao ouvir sua voz ao telefone, ainda sinto um friozinho na barrig
z em quando, ao ouvir sua voz **ao telefone,** ainda sinto um friozinho n
a. De vez em quando, ao ouvir sua voz ao telefone, ainda sinto um friozinl
rriga. De vez em quando, ao ouvir sua voz ao telefone, ainda sinto u
ho na barriga. De vez em quando, ao ouvir sua voz ao telefone, ainda sin
ozinho na barriga. De vez em quando, ao ouvir sua voz ao telefone, ainc
um friozinho na barriga. De vez em quando, ao ouvir sua voz ao telefon
 sinto um friozinho na barriga. De vez em quando, ao ouvir sua voz c
ne, ainda sinto um friozinho na barriga. De vez em quando, ao ouvir sua v
efone, **ainda sinto** um friozinho na barriga. De vez em quando, ao ouvir s
 telefone, ainda sinto um friozinho na barriga. De vez em quando, ao ou
oz ao telefone, ainda sinto **um friozinho** na barriga. De vez em quando, c
sua voz ao telefone, ainda sinto um friozinho na barriga. De vez em quand
vir sua voz ao telefone, ainda sinto um friozinho na barriga. De vez e
do, ao ouvir sua voz ao telefone, ainda sinto um friozinho **na barriga.** De v

De vez em quando, ao ouvir sua voz ao telefone,
ainda sinto um friozinho na barriga.

É que os outros não sabem que tudo em você tem um gostinho de quero mais!

É que os outros não sabem que tudo em você tem um gostinho de quero mais!

O mais incrível **de tudo é que,** ao contrário do que todo mundo falava, esse amor não diminuiu com o passar do tempo. O mais incrível de tudo é que, ao contrário do que todo mundo falava, esse amor não diminuiu com o passar do tempo. O mais incrível de tudo é que, ao contrário do que todo mundo falava, esse amor não diminuiu com o passar do tempo. O mais incrível de tudo é que, **ao contrário** do que todo mundo falava, esse amor não diminuiu com o passar do tempo. O mais incrível de tudo é que, ao contrário do que todo mundo falava, esse amor não diminuiu com o passar do tempo. O mais incrível de tudo é que, ao contrário do que todo mundo falava, esse amor não diminuiu com o passar do tempo. O mais incrível de tudo é que, ao contrário **do que** todo mundo falava, esse amor não diminuiu com o passar do tempo. O mais incrível de tudo é que, ao contrário do que todo mundo falava, esse amor não diminuiu com o passar do tempo. O mais incrível de tudo é que, ao contrário do que todo mundo falava, esse amor não diminuiu com o passar do tempo. O mais incrível de tudo é que, ao contrário do que **todo mundo falava,** esse amor não diminuiu com o passar do tempo. O mais incrível de tudo é que, ao contrário do que todo mundo falava, **esse amor** não diminuiu com o passar do tempo. O mais incrível de tudo é que, ao contrário do que todo mundo falava, esse amor não diminuiu com o passar do tempo. O mais incrível de tudo é que, ao contrário do que todo mundo falava, esse amor não diminuiu com o passar do tempo. O mais incrível de tudo é que, ao contrário do que todo mundo falava, esse amor **não** diminuiu com o passar do tempo. O mais incrível de tudo é que, ao contrário do que todo mundo falava, esse amor não **diminuiu com o** passar do tempo. O mais incrível de tudo é que, ao contrário do que todo mundo falava, esse amor não diminuiu com o passar do tempo. O mais incrível de tudo é que, ao contrário do que todo mundo falava, esse amor não diminuiu com o **passar do tempo.** O mais incrível de tudo é que, ao contrário do que todo mundo falava, esse amor não diminuiu com o passar do tempo. O mais incrível de tudo é que, ao contrário do que todo mundo falava,

O mais incrível de tudo é que, ao contrário do que
todo mundo falava, esse amor não diminuiu
com o passar do tempo.

E "lá" era o aconchego
definitivo dos
seus braços.

E "lá" era o aconchego definitivo dos seus braços.

a lá... Porém, meu coração dizia que um dia eu chegaria lá... Porém, meu co
e um dia eu chegaria lá... Porém, meu coração dizia que um dia eu chegari
meu coração dizia que um dia eu chegaria lá... Porém, **meu** coração dizi
eu chegaria lá... Porém, meu coração dizia que um dia eu chegaria lá... P
ação dizia que um dia eu chegaria lá... Porém, meu coração dizia que um d
a lá... Porém, meu **coração** dizia que um dia eu chegaria lá... Porém, meu co
e um dia eu chegaria lá... Porém, meu coração dizia que um dia eu chegari
meu coração dizia que um dia eu chegaria lá... Porém, meu coração dizi
eu chegaria lá... Porém, meu coração dizia que um dia eu chegaria lá... P
ação **dizia** que um dia eu chegaria lá... Porém, meu coração dizia que um d
a lá... Porém, meu coração dizia que um dia eu chegaria lá... Porém, meu co
e um dia eu chegaria lá... Porém, meu coração dizia que um dia eu che
ém, meu coração dizia que um dia eu chegaria lá... Porém, meu coração
dia eu chegaria lá... Porém, meu coração dizia **que** um dia eu chegari
meu coração dizia que um dia eu chegaria lá... Porém, meu coração dizi
eu chegaria lá... Porém, meu coração dizia que um dia eu chegaria lá... P
ação dizia que um dia eu chegaria lá... Porém, meu coração dizia que um d
a lá... Porém, meu coração dizia que **um dia** eu chegaria lá... Porém, meu co
e um dia eu chegaria lá... Porém, meu coração dizia que um dia eu chegari
meu coração dizia que um dia eu chegaria lá... Porém, meu coração dizi
eu chegaria lá... Porém, meu coração dizia que um dia **eu** chegaria lá... P
ação dizia que um dia eu chegaria lá... Porém, meu coração dizia que um d
a lá... Porém, meu coração dizia que um dia eu chegaria lá... Porém, meu co
e um dia eu **chegaria** lá... Porém, meu coração dizia que um dia eu chegari
meu coração dizia que um dia eu chegaria lá... Porém, meu coração dizi
eu chegaria lá... Porém, meu coração dizia que um dia eu chegaria **lá**... P
ação dizia que um dia eu chegaria lá... Porém, meu coração dizia que u
aria lá   Porém meu coração dizia que um dia eu chegaria lá   Porém

Porém, meu coração dizia que um dia eu chegaria lá...

Foi difícil, porque sua
beleza parecia realmente
inalcançável para mim.

Foi difícil, porque sua beleza parecia realmente inalcançável para mim.

Mesmo que para isso eu tivesse que fazer grandes sacrifícios!

Mesmo que para isso eu tivesse que fazer grandes sacrifícios!

fiz de tudo para ser mais
atraente, mais elegante
e mais interessante
só para te
merecer.

Fiz de tudo para ser mais atraente, mais elegante e mais interessante só para te merecer.

Eu mesmo **inventei** muita coisa, mas foi só porque eu queria parecer melhor do que eu era de verdade... **muita coisa**, **mas foi** **só porque** **eu** **queria** **parecer** **melhor** **do que eu** **era** **de verdade**...

Eu mesmo inventei muita coisa, mas foi só porque eu queria parecer melhor do que eu era de verdade...

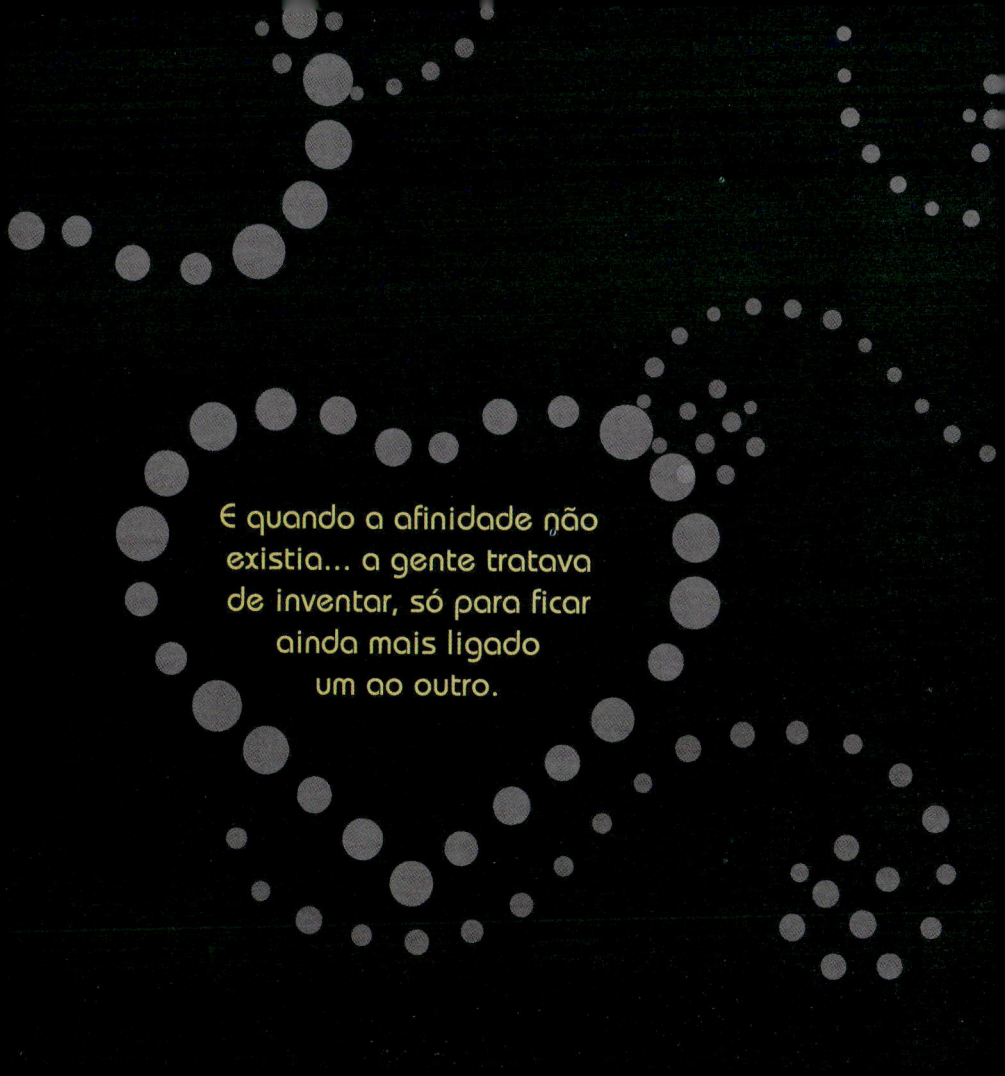

E quando a afinidade não
existia... a gente tratava
de inventar, só para ficar
ainda mais ligado
um ao outro.

E quando a afinidade não existia... a gente tratava de inventar, só para ficar ainda mais ligado um ao outro.

preferida, o filme inesquecível, o lugar que sonhávamos conhecer. Nós d
tilhamos a música preferida, o filme inesquecível, o lugar que sonhávar
er. Nós dois compartilhamos a música preferida, o filme inesquecível
ue sonhávamos conhecer. Nós dois **compartilhamos** a música preferida
esquecível, o lugar que sonhávamos conhecer. Nós dois compartilhamo
preferida, o filme inesquecível, o lugar que sonhávamos conhecer. Nós d
tilhamos **a música** preferida, o filme inesquecível, o lugar que sonhávar
er. Nós dois compartilhamos a música **preferida,** o filme inesquecível
ue sonhávamos conhecer. Nós dois compartilhamos a música preferida
esquecível, o lugar que sonhávamos conhecer. Nós dois compartilhamo
preferida, o filme inesquecível, o lugar que sonhávamos conhecer. Nós d
tilhamos a música preferida, **o filme** inesquecível, o lugar que sonhávar
er. Nós dois compartilhamos a música preferida, o filme inesquecível
ue sonhávamos conhecer. Nós dois compartilhamos a música preferida
esquecível, o lugar que sonhávamos conhecer. Nós dois compartilhamo
preferida, o filme **inesquecível,** o lugar que sonhávamos conhecer. Nós d
tilhamos a música preferida, o filme inesquecível, **o lugar** que sonhávar
er. Nós dois compartilhamos a música preferida, o filme inesquecível
ue sonhávamos conhecer. Nós dois compartilhamos a música preferida
esquecível, o lugar **que** sonhávamos conhecer. Nós dois compartilhamo
preferida, o filme inesquecível, o lugar que sonhávamos conhecer. Nós d
tilhamos a música preferida, o filme inesquecível, o lugar que sonhávar
er. Nós dois compartilhamos a música preferida, o filme inesquecível
ue **sonhávamos** conhecer. Nós dois compartilhamos a música preferida
esquecível, o lugar que sonhávamos conhecer. Nós dois compartilhamo
preferida, o filme inesquecível, o lugar que sonhávamos **conhecer.** Nós d
tilhamos a música preferida, o filme inesquecível, o lugar que sonhávar

Nós dois compartilhamos a música preferida, o filme inesquecível, o lugar que sonhávamos conhecer.

Talvez porque seja o momento de descobrir e construir afinidades...

Talvez porque seja o momento de descobrir
e construir afinidades...

r as conversas parecem não ter fim? Por que será que nessa fase do amor
as parecem não ter fim? Por que será que nessa fase do amor as convers
n não ter fim? Por que será que nessa fase do amor as conversas parece
fim? Por que será que nessa fase do amor as conversas parecem não ter fir
será que nessa fase do amor as conversas parecem não ter fim? Por q
e nessa fase do amor as conversas parecem não ter fim? Por que será q
ase do amor as conversas parecem não ter fim? Por que será que nessa fa
r as conversas parecem não ter fim? Por que será **que nessa fase** do amor
as parecem não ter fim? Por que será que nessa fase do amor as convers
n não ter fim? Por que será que nessa fase do amor as conversas parece
fim? Por que será que nessa fase do amor as conversas parecem não ter fir
será que nessa fase **do amor** as conversas parecem não ter fim? Por q
e nessa fase do amor as conversas parecem não ter fim? Por que será q
ase do amor as conversas parecem não ter fim? Por que será que nessa fa
r as conversas parecem não ter fim? Por que será que nessa fase do amor
as parecem não ter fim? Por que será que nessa fase do amor as convers
n não ter fim? Por que será que nessa fase do amor **as conversas** parece
fim? Por que será que nessa fase do amor as conversas parecem não ter fir
será que nessa fase do amor as conversas parecem não ter fim? Por q
e nessa fase do amor as conversas parecem não ter fim? Por que será q
ase do amor as conversas parecem não ter fim? Por que será que nessa fa
r as conversas parecem não ter fim? Por que será que nessa fase do amor
as **parecem** não ter fim? Por que será que nessa fase do amor as convers
n não ter fim? Por que será que nessa fase do amor as conversas parece
fim? Por que será que nessa fase do amor as conversas parecem não ter fir
será que nessa fase do amor as conversas parecem não ter fim? Por q
e nessa fase do amor as conversas parecem **não ter fim?** Por que será q
ase do amor as conversas parecem não ter fim? Por que será que nessa fa

Por que será que nessa fase do amor as conversas parecem não ter fim?

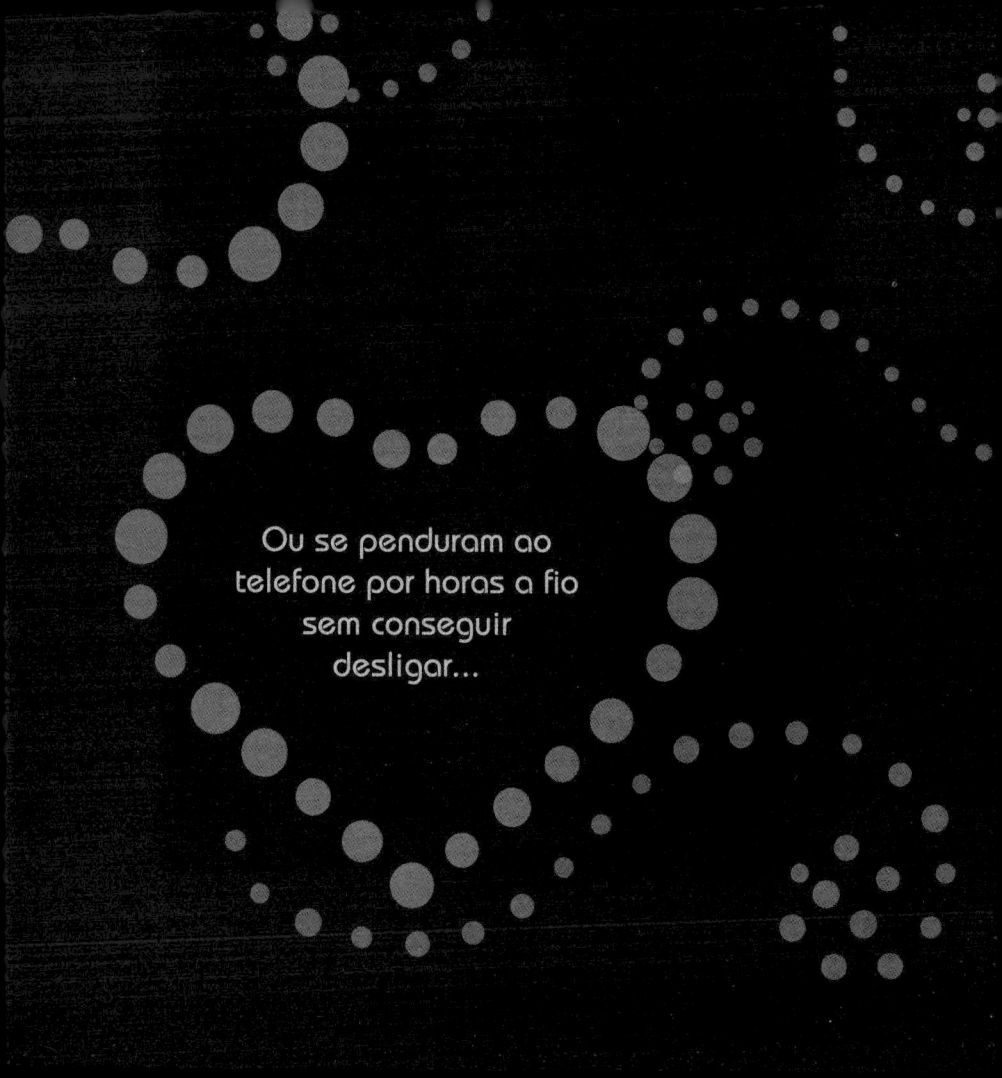

Ou se penduram ao telefone por horas a fio sem conseguir desligar...

Ou se penduram ao telefone por horas a fio sem conseguir desligar...

as noites em claro construindo castelos de sonhos... Porque só os loucos
s em claro construindo castelos de sonhos... Porque só os loucos passam
construindo castelos de sonhos... Porque só os loucos passam as noites
ndo castelos de sonhos... Porque só os loucos passam as noites em claro cor
de sonhos... Porque **só os loucos** passam as noites em claro construindo
os... Porque só os loucos passam as noites em claro construindo cas
. Porque só os loucos passam as noites em claro construindo castelos de s
só os loucos passam as noites em claro construindo castelos de sonhos..
ucos **passam** as noites em claro construindo castelos de sonhos... Porq
assam as noites em claro construindo castelos de sonhos... Porque só o
as noites em claro construindo castelos de sonhos... Porque só os loucos
s em claro construindo castelos de sonhos... Porque só os loucos passam
construindo castelos de sonhos... Porque só os loucos passam as noites
ndo castelos de sonhos... Porque só os loucos passam **as noites** em claro cor
de sonhos... Porque só os loucos passam as noites em claro construindo
os... Porque só os loucos passam as noites em claro construindo cas
. Porque só os loucos passam as noites em claro construindo castelos de s
só os loucos passam as noites **em claro** construindo castelos de sonhos..
ucos passam as noites em claro construindo castelos de sonhos... Porq
assam as noites em claro construindo castelos de sonhos... Porque só o
as noites em claro **construindo** castelos de sonhos... Porque só os loucos
s em claro construindo castelos de sonhos... Porque só os loucos passam
construindo castelos de sonhos... Porque só os loucos passam as noites
ndo **castelos de sonhos...** Porque só os loucos passam as noites em claro con
de sonhos... Porque só os loucos passam as noites em claro construindo
os... Porque só os loucos passam as noites em claro construindo cast
. Porque só os loucos passam as noites em claro construindo castelos de s
só os loucos passam as noites em claro construindo castelos de sonhos

Porque só os loucos passam as noites em claro construindo castelos de sonhos...

É verdade que muita gente achou que eu estava enlouquecendo.

É verdade que muita gente achou que eu estava enlouquecendo.

do que um simples **eu te amo**. fiz de tudo para tentar ser mais origin
um simples **eu te amo**. fiz de tudo para tentar ser mais original do que u
eu te amo. fiz de tudo para tentar ser mais original do que um simples
. fiz de tudo para tentar ser mais original do que um simples **eu te amo**.
para tentar ser mais original do que um simples **eu te amo**. fiz de tudo pa
ser mais original do que um simples **eu te amo**. fiz de tudo para tentar s
iginal do que um simples **eu te amo**. fiz de tudo para tentar ser mais origin
um simples **eu te amo**. fiz de tudo para **tentar ser** mais original do que u
eu te amo. fiz de tudo para tentar ser mais original do que um simples
. fiz de tudo para tentar ser mais original do que um simples **eu te amo**.
para tentar ser mais original do que um simples **eu te amo**. fiz de tudo pa
ser mais original do que um simples **eu te amo**. fiz de tudo para tentar s
iginal do que um simples **eu te amo**. fiz de tudo para tentar ser mais origin
um simples **eu te amo**. fiz de tudo para tentar ser **mais original** do que u
eu te amo. fiz de tudo para tentar ser mais original do que um simples
. fiz de tudo para tentar ser mais original do que um simples **eu te amo**.
para tentar ser mais original do que um simples **eu te amo**. fiz de tudo pa
ser mais original do que um simples **eu te amo**. fiz de tudo para tentar s
iginal **do que** um simples **eu te amo**. fiz de tudo para tentar ser mais origin
um simples **eu te amo**. fiz de tudo para tentar ser mais original do que u
eu te amo. fiz de tudo para tentar ser mais original do que **um simples**
. fiz de tudo para tentar ser mais original do que um simples **eu te amo**.
para tentar ser mais original do que um simples eu te amo. fiz de tudo pa
ser mais original do que um simples **eu te amo**. fiz de tudo para tentar s
iginal do que um simples **eu te amo**. fiz de tudo para tentar ser mais origin
um simples **eu te amo**. fiz de tudo para tentar ser mais original do que u
eu te amo. fiz de tudo para tentar ser mais original do que um simples
fiz de tudo para tentar ser mais original do que um simples **eu te amo**.

fiz de tudo para tentar ser mais original do que um simples **eu te amo**.

Vasculhei toda poesia esquecida no fundo das minhas gavetas...

Vasculhei toda poesia esquecida
no fundo das minhas gavetas...

para expressar quanto era grande o meu amor por você! ...escrevi muitas
xpressar quanto era grande o meu amor por você! ...escrevi muitas cartas
sar quanto era grande o meu amor por você! ...escrevi **muitas** cartas para expr
era grande o meu amor por você! ...escrevi muitas cartas para expressar q
nde o meu amor por você! ...escrevi muitas cartas para expressar quant
o meu amor por você! ...escrevi muitas cartas para expressar quanto era g
amor por você! ...escrevi muitas **cartas** para expressar quanto era grande
or você! ...escrevi muitas cartas para expressar quanto era grande o meu
cê! ...escrevi muitas cartas para expressar quanto era grande o meu am
..escrevi muitas cartas para expressar quanto era grande o meu amor por
vi muitas cartas **para expressar** quanto era grande o meu amor por você! ...e
cartas para expressar quanto era grande o meu amor por você! ...escrevi n
para expressar quanto era grande o meu amor por você! ...escrevi muitas
xpressar **quanto** era grande o meu amor por você! ...escrevi muitas cartas
sar quanto era grande o meu amor por você! ...escrevi muitas cartas para exp
era grande o meu amor por você! ...escrevi muitas cartas para expressar q
nde o meu amor por você! ...escrevi muitas cartas para expressar quant
o meu amor por você! ...escrevi muitas cartas para expressar quanto era g
amor por você! ...escrevi muitas cartas para expressar quanto **era grande**
or você! ...escrevi muitas cartas para expressar quanto era grande o meu
cê! ...escrevi muitas cartas para expressar quanto era grande o meu am
..escrevi muitas cartas para expressar quanto era grande **o meu** amor por
vi muitas cartas para expressar quanto era grande o meu amor por você! ...e
cartas para expressar quanto era grande o meu **amor** por você! ...escrevi n
para expressar quanto era grande o meu amor por você! ...escrevi muitas
xpressar quanto era grande o meu amor **por você!** ...escrevi muitas cartas
sar quanto era grande o meu amor por você! ...escrevi muitas cartas para exp

...escrevi muitas cartas para expressar quanto era grande o meu amor por você!

E eu que sempre achei
que as cartas de amor
eram ridículas...

E eu que sempre achei que as cartas de amor eram ridículas...

antes deliciosas perderam o sabor. De repente, as coisas antes deliciosas perderam o sabor. De repente, as coisas antes deliciosas perderam o sabor. De repente, as coisas antes deliciosas perderam o sabor. De repente, as coisas antes deliciosas perderam o sabor. De repente, as coisas antes deliciosas perderam o sabor. De repente, **as coisas** antes deliciosas perderam o sabor. De repente, as coisas antes deliciosas perderam o sabor. De repente, as coisas antes deliciosas perderam o sabor. De repente, as coisas antes deliciosas perderam o sabor. De repente, as coisas antes deliciosas perderam o sabor. De repente, as coisas antes deliciosas perderam o sabor. De repente, as coisas antes deliciosas perderam o sabor. De repente, as coisas antes deliciosas perderam o sabor. De repente, as coisas **antes** deliciosas perderam o sabor. De repente, as coisas antes deliciosas perderam o sabor. De repente, as coisas antes deliciosas perderam o sabor. De repente, as coisas antes deliciosas perderam o sabor. De repente, as coisas antes **deliciosas** perderam o sabor. De repente, as coisas antes deliciosas perderam o sabor. De repente, as coisas antes deliciosas perderam o sabor. De repente, as coisas antes deliciosas perderam o sabor. De repente, as coisas antes deliciosas perderam o sabor. De repente, as coisas antes deliciosas **perderam** o sabor. De repente, as coisas antes deliciosas perderam o sabor. De repente, as coisas antes deliciosas perderam o sabor. De repente, as coisas antes deliciosas perderam o sabor. De repente, as coisas antes deliciosas perderam **o sabor.** De repente, as coisas antes deliciosas perderam o sabor. De repente, as coisas antes deliciosas perderam o sabor. De repente, as coisas antes deliciosas perderam o sabor. De repente, as coisas antes

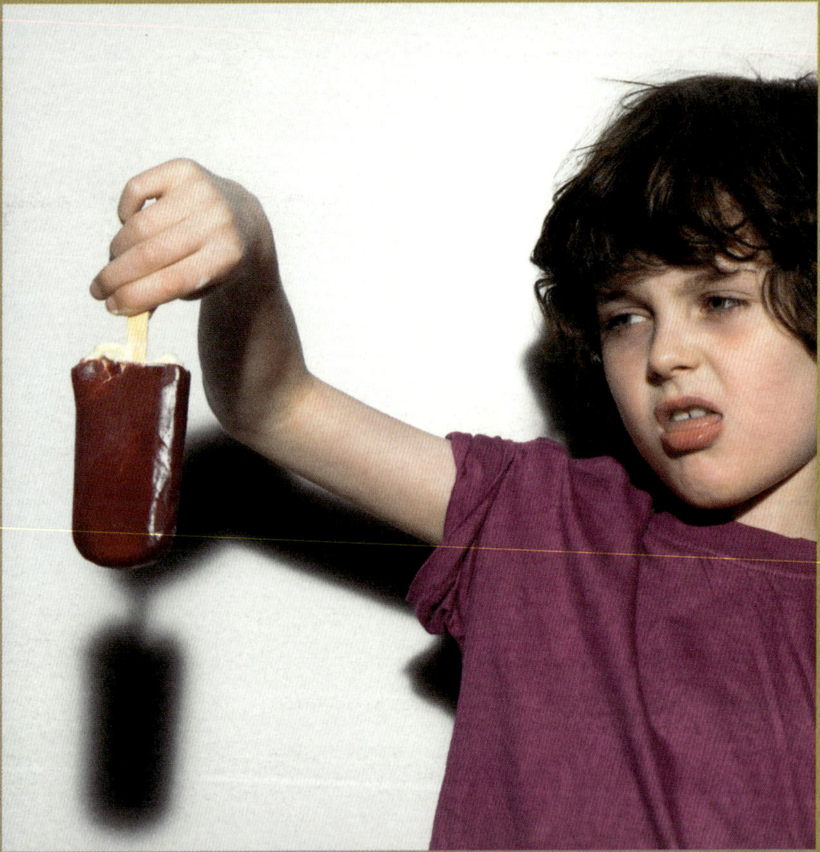

Foi assim que passei
a me sentir só,
mesmo no meio
da multidão.

foi assim que passei a me sentir só,
mesmo no meio da multidão.

ia chamada Nós. Ou que o mundo tivesse ficado deserto e restasse u
a Nós. Ou **que** o mundo tivesse ficado deserto e restasse uma única ilha
o mundo tivesse ficado deserto e restasse uma única ilha chamada Nós.
e ficado deserto e restasse uma única ilha chamada Nós. Ou que o munc
o e restasse uma única ilha chamada Nós. Ou que **o mundo** tivesse ficad
ma única ilha chamada Nós. Ou que o mundo tivesse ficado deserto e
ia chamada Nós. Ou que o mundo **tivesse** ficado deserto e restasse u
a Nós. Ou que o mundo tivesse ficado deserto e restasse uma única ilha
o mundo tivesse ficado deserto e restasse uma única ilha chamada Nós.
e **ficado deserto** e restasse uma única ilha chamada Nós. Ou que o munc
o e restasse uma única ilha chamada Nós. Ou que o mundo tivesse ficad
ma única ilha chamada Nós. Ou que o mundo tivesse ficado deserto e
ia chamada Nós. Ou que o mundo tivesse ficado deserto e restasse u
a Nós. Ou que o mundo tivesse ficado deserto **e restasse** uma única ilha
o mundo tivesse ficado deserto e restasse uma única ilha chamada Nós.
e ficado deserto e restasse **uma única** ilha chamada Nós. Ou que o munc
o e restasse uma única ilha chamada Nós. Ou que o mundo tivesse ficad
ma única **ilha** chamada Nós. Ou que o mundo tivesse ficado deserto e
ia chamada Nós. Ou que o mundo tivesse ficado deserto e restasse u
a Nós. Ou que o mundo tivesse ficado deserto e restasse uma única ilha
o mundo tivesse ficado deserto e restasse uma única ilha chamada Nós.
e ficado deserto e restasse uma única ilha **chamada Nós.** Ou que o munc
o e restasse uma única ilha chamada Nós. Ou que o mundo tivesse ficad
ma única ilha chamada Nós. Ou que o mundo tivesse ficado deserto e
a chamada Nós. Ou que o mundo tivesse ficado deserto e restasse uma
. Ou que o mundo tivesse ficado deserto e restasse uma única ilha cham
ido tivesse ficado deserto e restasse uma única ilha chamada Nós. Ou que
 deserto e restasse uma única ilha chamada Nós. Ou que o mundo tives

Ou que o mundo tivesse ficado deserto
e restasse uma única ilha chamada Nós.

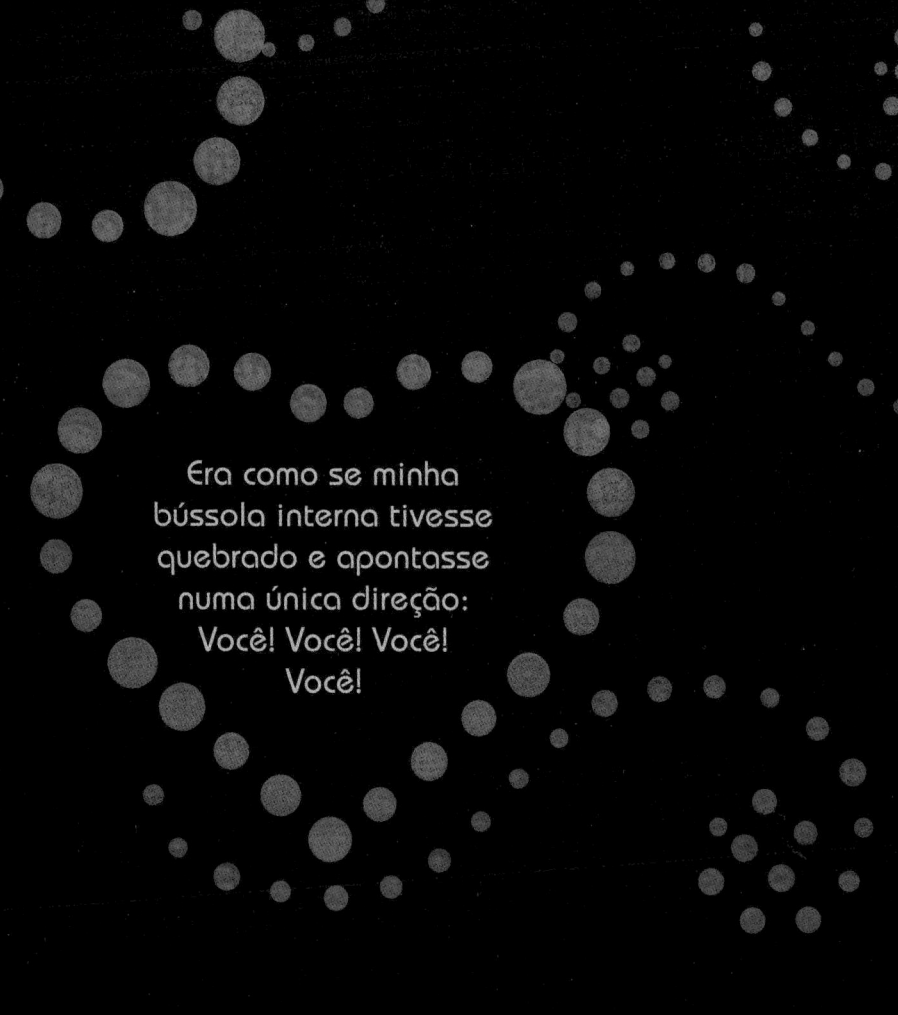

Era como se minha bússola interna tivesse quebrado e apontasse numa única direção: Você! Você! Você! Você!

Era como se minha bússola interna tivesse quebrado e apontasse numa única direção: Você! Você! Você! Você!

utro, perdi todas as minhas referências. De um dia para o outro, perdi tod
as referências. De **um dia** para o outro, perdi todas as minhas referênci
dia para o outro, perdi todas as minhas referências. De um dia para o outr
odas as minhas referências. De um dia para o outro, perdi todas as minh
cias. De um dia para o outro, perdi todas as minhas referências. De um d
outro, perdi todas as minhas referências. De um dia para o outro, perdi tod
as referências. De um dia **para** o outro, perdi todas as minhas referênci
dia para o outro, perdi todas as minhas referências. De um dia para o outr
odas as minhas referências. De um dia para o outro, perdi todas as minh
cias. De um dia para o outro, perdi todas as minhas referências. De um c
outro, perdi todas as minhas referências. De um dia para o outro, perdi tod
as referências. De um dia para o outro, perdi todas as minhas referênci
dia para o outro, perdi todas as minhas referências. De um dia para o outr
odas as minhas referências. De um dia para **o outro,** perdi todas as minh
cias. De um dia para o outro, perdi todas as minhas referências. De um d
outro, perdi todas as minhas referências. De um dia para o outro, perdi tod
as referências. De um dia para o outro, perdi todas as minhas referênci
dia para o outro, **perdi** todas as minhas referências. De um dia para o outr
odas as minhas referências. De um dia para o outro, perdi todas as minh
cias. De um dia para o outro, perdi **todas as minhas** referências. De um c
outro, perdi todas as minhas referências. De um dia para o outro, perdi tod
as referências. De um dia para o outro, perdi todas as minhas referênci
dia para o outro, perdi todas as minhas referências. De um dia para o outr
odas as minhas referências. De um dia para o outro, perdi todas as minh
cias. De um dia para o outro, perdi todas as minhas **referências.** De um c
outro, perdi todas as minhas referências. De um dia para o outro, perdi tod
as referências. De um dia para o outro, perdi todas as minhas referênci
dia para o outro, perdi todas as minhas referências. De um dia para o outr

De um dia para o outro,
perdi todas as minhas referências.

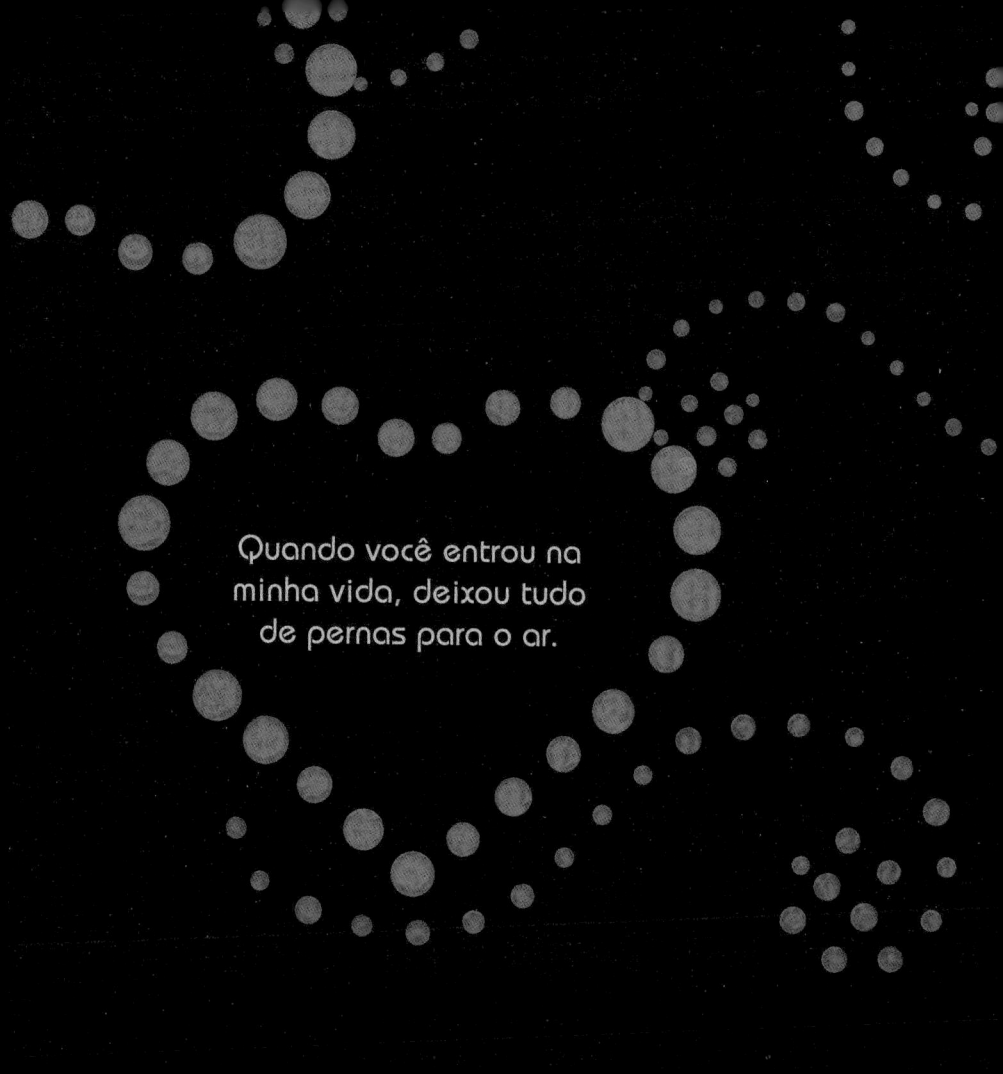

Quando você entrou na minha vida, deixou tudo de pernas para o ar.

Quando você entrou na minha vida,
deixou tudo de pernas para o ar.

Enfim, amar é ter a coragem de se entregar às dores e delícias de um verdadeiro amor.
É caminhar a cada dia ao lado de alguém que te faz sentir melhor.
É não querer dormir para aproveitar um pouco mais a presença dessa pessoa tão especial.
É fazer e receber cafuné quando menos se espera.
Amar... Bem, amar é a união de tudo que a vida tem a nos oferecer.
Ouse, permita-se, entregue-se e você poderá viver um grande amor!

Introdução

Dizer "eu te amo" nem sempre é suficiente para mostrar a dimensão do amor que carregamos na alma. Há até quem se negue a pronunciar essa frase, porque, às vezes, ela parece simples e desgastada pelo tempo.

Mas, então, como encontrar outro jeito melhor e mais original de dizer?...

Declarar nosso amor por alguém de uma forma verdadeiramente especial não é fácil porque cada um ama de uma forma! Há quem ame com alegria e graça. Há quem ame constrangido e contido. Tem gente que ama com arrebatamento e exagero. Há quem ame simples e tímido.

A verdade é que cada pessoa encontra a melhor forma de expressar seus sentimentos! Por isso, neste livro, procurei reunir diversas maneiras de demonstrar o amor, sem dizer simplesmente "eu te amo".

Nas imagens e frases deste livro, você encontrará várias possibilidades de declarar seu amor: com humor, ternura, paixão, simplicidade, gratidão.

Escolha o seu jeito, mas seja ele qual for, diga, diga sempre, em alto e bom som, com palavras e gestos, porque, afinal, toda forma de amor vale a pena!